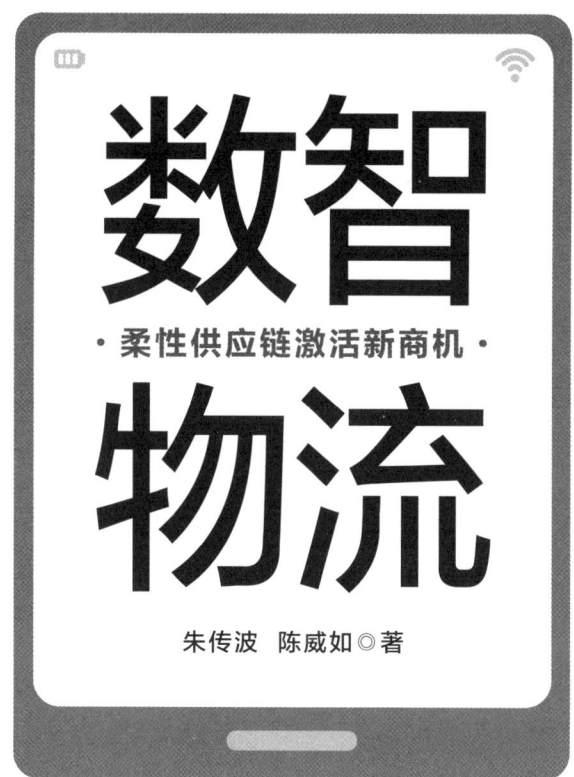

数智物流

· 柔性供应链激活新商机 ·

朱传波 陈威如 ◎ 著

中信出版集团 | 北京

图书在版编目（CIP）数据

数智物流：柔性供应链激活新商机/朱传波，陈威如著.--北京：中信出版社，2022.10
ISBN 978-7-5217-4735-5

Ⅰ.①数… Ⅱ.①朱…②陈… Ⅲ.①智能技术－应用－供应链管理－研究 Ⅳ.①F252.1-39

中国版本图书馆CIP数据核字（2022）第166771号

数智物流——柔性供应链激活新商机
著者：朱传波　陈威如
出版发行：中信出版集团股份有限公司
（北京市朝阳区惠新东街甲4号富盛大厦2座　邮编　100029）
承印者：宝蕾元仁浩（天津）印刷有限公司

开本：880mm×1230mm 1/32　　印张：9.25　　字数：185千字
版次：2022年10月第1版　　印次：2022年10月第1次印刷
书号：ISBN 978-7-5217-4735-5
定价：68.00元

版权所有·侵权必究
如有印刷、装订问题，本公司负责调换。
服务热线：400-600-8099
投稿邮箱：author@citicpub.com

目　录

引　言　新时代的号角 / 1

第一章　新消费：消费者主权时代的来临 / 11
　　　　消费者争夺商业权力 / 13
　　　　消费者主权时代商业的进化 / 21

第二章　新商业：商业进化倒逼物流变革 / 31
　　　　商业进化：从跨城零售到同城零售 / 33
　　　　商业进化中的供应链变革 / 39
　　　　物流变革：助推商业实现"快、准、高效" / 53

第三章　新物流：数智时代的物流 / 71
　　　　数智时代的物流图景 / 73

物流企业的数智化转型升级 / 83

　　物流行业的数智化转型升级 / 100

第四章　新协作：商业与物流数智化的协作及价值重构 / 117

　　商业与物流的断档与重新分工协作的到来 / 119

　　商业与物流数智化协作的认知重构 / 125

　　商业与物流数智化协作的产业组织重构 / 147

　　商业与物流数智化协作的角色与机制重构 / 175

第五章　新生态：物流生态圈中的"点、线、面、体" / 205

　　供需协同，商业与物流共同升维 / 207

　　物流生态圈中的"点、线、面、体" / 214

　　物流商业模式升维 / 261

　　迈向物流"点、线、面、体"生态协同的新未来 / 272

结　语 / 281

参考文献 / 289

引言　新时代的号角

消费者主权的崛起

数字时代,商业演进的最大挑战是消费者主权的崛起,而非传统意义上的同行竞争。面对权力的转移,商业需要快速迭代以适应消费端的变化。20年前,8848、易趣网、当当网等电商平台横空出世,代表着电商零售行业划时代的到来,同时也结束了线下零售一统天下的商业格局。随后,淘宝、京东等平台逐渐成为电商零售行业的主角,伴随而来的是搜索、购物车、隔天送达、七天无理由退换货、购物评论区等用户体验新名词的出现。近5年来,随着数字技术的发展、消费升级、商业模式创新以及物流城配能力的提升,原先提供跨城业务的电商零售业态硬是被撕开了一道口子,以美团、饿了么、盒马鲜生、叮咚买菜等为代表的同城零售业态如雨后春笋般生长。同时，伴随着社交平台强大的聚合力，社交购物（以拼多多为代表）、直播购物、短视频购物（以抖音、快手为代表）等新型电商全面开花，为电商零售业态增添了更多的色彩。我的消费我做主、随想即得、数据智能、个性化、30 分钟送达，成为新零售业态的关键词。

2021 年，中国线上零售额为 13.1 万亿元。其中，实物商品线上零售额为 10.8 万亿元，同比增长 12.0%，占社会消费品零售总额的比重达到 24.5%。[①] 从 1999 年算起，22 年的时间，市场份额从 0 增长到 24.5%。中国的电商零售行业高速发展，堪称一部波澜壮阔的历史。但是 2019 年全国实物商品线上零售增长率为 19.5%，增长幅度下降，在近 10 年来首次跌落到 20% 以下，2021 年的增长率是 12%。不到 20% 的增长听起来有点令人悲观，但是相比于近两年全国消费品零售大盘的个位数增长率，线上零售依然在高速增长。在大电商零售业态增长放缓的背后，有一股暗流在涌动，那就是面向同城和社区的本地生活 O2O（线上引导线下消费的电商模式）电商。作为电商业态的一个分支，本地生活电商在 2021 年以 25% 的增速发展到 3.3 万亿元的规模，其中到家消费业务占比为 63%，达到 2 万亿元的规模，支撑着这一渠道的快速增长。从 2016 年算起，相比于到店业务 17% 的增长率，到家业

---

① 数据来自国家统计局。

务的 5 年复合增长率达到了惊人的 64%。[①] 2016 年，本地生活到家业务大盘规模是 1768.8 亿元，当年同城实物商品线上下单的零售总额是 4.2 万亿元，前者占后者比重为 4.2%，这一占比在 2021 年达到了近 20%。[②] 5 年的时间，数字提升了近 4 倍。但重要的不是数字本身，而是背后暗藏的新消费趋势：个性化与多元。

一个小故事：晓明家一天的新消费

晓明与美妍的一日生活代表着现代人的新零售消费形态。晓明是一家公司的高管，收入中上，喜好网购，善于精打细算。而晓明的太太美妍，乐于尝试新鲜事物，喜欢各种新型消费。

周日下午，晓明之前在网上选购的书柜到家了，师傅就现场安装起来，将一块块木板、一片片长玻璃组装拼接。师傅的手法干净利落，50 分钟就装好了两个漂亮的书柜。这与晓明几年前的体验完全不同。当时柜体板材到家后，一直约不上师傅来安装，夫妻两人白天都要上班，只有晚上的时间能约师傅，一连约了一周还等不到。晓明在周末尝试自己组装，却因没经验把手给弄伤了。这次他试了最新的"小安服务+"小程序，送与装一体化解决，他对此很满意。

[①] 数据来自凯度咨询公司发布的《2021 年 O2O 渠道白皮书》。
[②] 根据国家统计局和凯度《2021 年 O2O 渠道白皮书》的数据进行计算。

晚上睡前，晓明打开手机购物 App 看几个月前存放在购物车中的手表、家电有没有降价，一旦降价就点击下单。对于眼镜、西服、公文包之类的物品，晓明也会选择定制，这样的商品样式精致，有设计美感，只是需要等待 3~5 天才能拿到货。这也没事，晓明愿意为一些能代表自己独特精神气的商品多等待几日。

周一上班任务重，没时间到外面排队吃饭，而单位食堂又在重新装修，晓明打开饿了么点外卖，半个小时多一点小哥就送餐上楼了。他又在瑞幸咖啡 App 上点了一杯最喜欢的热拿铁咖啡，思索着咖啡何时从店内"第三空间"的享受转变为外卖比例已经超过堂食。晓明有些感冒咳嗽，可能是因为近期加班太多，身心疲惫，抵抗力有所下降。身体不舒服加上今天天气阴冷，他也懒得去医院和药店。于是，他在短暂的午餐休息后，打开京东健康 App，选择离单位近的药店下单，20 分钟药就送到了。临近下班，他突然想起先前给大学同学准备的生日礼物还没有送出去。明天就是同学的生日了，总得当天将礼物送到吧。晓明想起顺丰最近开通了同城快递业务，于是，下载 App、注册、下单。顺丰小哥很快就上门了，承诺明天上午 10 点能送到。这下好了，小哥帮忙快速将礼物送到，晓明表达了心中对朋友的情谊。下班后，晓明打开高德导航，选择一口价车型打车。最近疫情有点严重，晓明选择晚上回家做饭。

就在前几个月，因为疫情严重，全区进行封闭隔离、居家办公。美妍为了张罗食物，担任起小区的"团长"。她发现，随着时代的发展，物流供应链的服务愈加健全、贴心。除了日常生活所需的生鲜蔬果，美妍能够找到从希腊进口的橄榄油、法国厨师做的法棍面包、西班牙的黑猪火腿，甚至40公里以外一家平时都排不上堂食的网红餐厅的菜品。因为小区一次团购40份熟食，餐厅也愿意包车送过来，而且把每一户所点的不同菜品包装好，标签上写清楚住户单元号、姓名、电话，到达小区后进行消杀，然后每户自己去拿，避免群聚。整个流程中，美妍这样热心的兼职"团长"只需要通过小程序、接龙等数字工具做好订单管理、邻居意见沟通工作，其他如商品分装、运输、自提、收款，都有一套简便的流程系统帮助完成。疫情似乎促使分布在小区如神经末梢似的社区意见领袖、热心团长挺身而出，分享自身的生活情趣，让邻居共享平时吃不到的食材，提升生活体验。

解封后，小区继续保持着特殊食材的团购模式。所以当天回到家，晓明发现太太已经备好晚饭了，阳澄湖大闸蟹、青海牦牛肉、北京烤鸭和上海腌笃鲜汤，都是自己喜欢吃的。晚饭后，两口子看了会儿电视，然后各自在网上遨游。太太喜欢逛淘宝、抖音直播间，看到心仪的面膜、化妆品、包包之类的，买买买，眼睛都不眨一下。

作为中产阶层的典型代表，晓明的消费观理性，注重生活品质，美妍则略带感性，追求流行新趋势。小两口的消费行为，代表了消费的个性化与多元。"我就是我,好好宠自己""极致消费体验,一刻都不愿意等"已经成为当下消费新势力的生活与消费方式。在新消费价值观下,单一产品、单一购物场景的"一招鲜"打法已经属于过去式。随着消费者主权的崛起,他们"不耐烦、不想等",商家需要站在消费者的立场去思考供与需、产与销之间的连接和匹配方式,也就是从以前"人找货、人等货"迈向未来"货去找主人"、随想随得的境界。

柔性供应链,引领新消费

新的消费观叠加数字技术的发展,在不断刺激消费者体验新的商品与服务的同时,也引领着商业的持续升级。新商业,不仅是购物场景的创新这么简单,背后是人(消费者)、货(商品)、场(包括传统的渠道、与消费者互动的数字化触点)等商业要素的大范围连接与重构。这场由消费拉动、技术推动的商业变革,不是一个部位的手术,而是商业从品牌制造端到消费端的全链路、全渠道的大手术。在趋势面前,任何一个商业角色都不会置身事外。面对个性化、多元化的购物场景需求,管理者需要思考商业变革中"变"与"不变"的哲学命题。不变的是什么?变的是什么?如何重新架构商业底层基础设施和丰富的应用层,以便随时通过柔性连接来适应和响应变化?我们认为,数字化是商业的底层,借助数字技术可对商业全链路做一个解构与重构的手术,将商业全链路看清楚，看看哪里需要动小手术、哪里需要动大手术，需要哪些仪器辅助做好诊断，哪里需要切掉再生，手术后的复原方案是什么，等等。

韧性供应链，应对不确定性

在打造柔性的同时，也需要在供应链中植入一定的韧性以应对不确定性。韧性是指抵抗外界压力而不易破裂或崩溃的能力。近年来，外部环境复杂多变，新冠肺炎疫情、中美产业链脱钩、俄乌冲突、自然灾害等突发事件频频发生，给产业链、供应链的运营带来了极大的挑战与风险。例如，在新冠肺炎疫情的常态化防控以及无法预料的城市静态管理措施下，物流供应链的脆弱性充分暴露，只要几个仓库节点因为检测出阳性样本而停摆、快递员被隔离在家，仓配网络则运力大幅下降，濒临崩溃，影响民生物资递送。有农场出不了货，有消费者吃不到新鲜蔬菜，甚至影响整个供应链大盘，也严重影响了人们的生活。这凸显出过去几年物流供应链只注重增长与效率，疏于演练应变力与抗压力，也就是缺乏因应不确定环境的供应链韧性。面向未来，如何在追求效率的同时增强韧性？数字化能不能发挥关键作用？数智物流如何帮助商流实现高效、柔性和韧性的多维度诉求？

物流与商业重构分工协作，打造柔韧供应链

供应链的"柔"和"韧"，可以通过商业主体间的数字化协作来同时增强。数字时代，由于组织的边界被不断突破，协同将取代博弈，精细化分工将取代封闭式自理，成为商业创造价值的新机制。协同的意思，就是大家把组织的边界打破之后重新分工，以达成满足客户未来需求的共识，看看现在的业务流程需要如何改变，需要借助什么工具实现全流程一体化的效率，以及优化全链路的商业要素管理，思考供应链是否做到了实时匹配供给端的集成和需求端的变化。例如，与消费者互动的数字化触点如何设计，以萃取真实需求、快速聚单？需求如何引导研发与供给？生产端如何做到小批量、快返单、柔性制造？商业全链路要素与流程如何实现可视化管理和数智优化？商品的流转方式如何叠加数智技术以增强柔韧性？……

如今，物流是商业创造价值的重要变量。物流与商业协作重构，势在必行。要改变过往物流随着货权的转移而线性流动的低效方式，商业需要一轮大变革，重新分工与协作，让货直接连接消费者，不再由中间商设置层层路障。为此，各路商业主体包括平台型企业、品牌制造商、经销商、门店都需要重新界定自身的角色与功能，重新分工，重构仓、运、配、端的连接，并借助数字技术赋能打通物流全链路，实现对你、我、他的物流要素的数

智化管理和重新配置。技术与组织、运营的融合可以产生化学反应，让连接大于拥有、使用权优于所有权，成为打造新物流的重要商业认知。

新物流：物流的数智化协同

举个例子。"双11"是中国消费者的年度盛会，除了激情买买买，物流的"速度与激情"也着实惊艳。2020年，天猫"双11"订单量为22.5亿笔（2019年的数字是12.9亿笔），平均签收时间比2019年提前1天左右。在订单量不断攀升的同时，物流效率也走出了大幅提升的神奇曲线，而这背后反映的是商业的新生产关系与生产力——数智化协同。天猫"双11"期间，全球有300万物流人、3000万平方米的物流设施、3000家物流公司、20多万辆物流车和20多万个物流站点在协同作业，这是一场商业生态的大运动会。要协同数量庞大的不同物流角色，传统的管理与运营方式是无法实现的。在目前物流圈的数字化进程中，各级生态伙伴仍然需要2~5个月来准备一场"双11"大运动会，未来能不能在数智新基建的加持下，将筹备期缩短成2~5天呢？

物流要实现在产业甚至社会层面的高效运营，需要创新商业和运营模式，从而实现多维度价值创造。物流商业模式的创新与升维，需要一个更高的角色如"面"或"体"，来协同数量众多的"点"和"线"角色共同完成一个项目或任务，共创价值。每一个要素如分拨点、小件员和运输专线做好本职工作，需要时可以在一起，项目完成后可以自行解散。共生、共创、共演，帮助他人升级（如连接更多的业务、数字化能力的提升、变成更高级的角色），同时让自身在物流生态圈的角色得到升维，提高可持续性及话语权。物流生态圈中，各种物流要素通过共享，然后通过算法优化得到合理的调度。调度的前提，是物流要素本身要数字化甚至智能化。只有实现了数智化，才能做到全流程可视化、可感知、可调用和可协同，对处于游离状态的物流要素、物流基础设施进行联网与分布式协作运营，从而打造面向未来的产业、社会和城市的物流新基建。

本书分为五章：第一章阐述新消费时代的趋势，提出我们对消费者主权引导商业变化的几个判断；第二章探讨新商业如何进化及倒逼物流与供应链的变革；第三章揭示新物流的特征以及如何把握数智技术搭建物流新基建的机会；第四章论证商业与物流的重新分工、协作升级以及价值链重构方法论；第五章阐述新生态的未来以及物流如何通过"点、线、面、体"的框架进行商业模式、能力及角色定位的升维。本书帮助品牌商了解未来供应链的变革如何引导消费创新机会，帮助物流从业人员更好地预见未来转型重构的方向，帮助经销商及门店经营者了解去中间化及重新分工的趋势并提早规划数智升级，以及携手企业服务专家更好地洞察未来，帮助物流生态创造更大的价值。

·第一章·

新消费：消费者主权时代的来临

要点

消费者已经逐渐成为发号施令的一方,商业的底层结构与逻辑已经变了,市场竞争回到消费者洞察和商业本质,即关注用户体验和商业效率的提升。围绕经济发展方式的动能转换、用户体验和商业运营效率,绿色化、数智化、超级供应链平台是未来商业的关键词。

问题与思考

1. 消费行为有什么变化趋势?未来十年,消费者希望购买的商品如何交付?消费者在多大程度上希望进行个性化专属定制,却又不耐烦等待,希望商品快速送达?我们如何发展供应链物流能力来达到消费者的严苛要求?

2. 什么是C2B,即消费者导向的商业?C2B如何实现?什么时候实现?

3. 最近几年,商业中的人、货、场发生了哪些变化?如何随着消费者多变的需求对商品和场景进行快速更新与匹配?

消费者争夺商业权力

动动鼠标、滑动手指下订单,再打一个盹,睡个懒觉,商品就来敲你的门了。回望人类历史上的商业活动,没有任何时代像现在这样,如此感性。不经意间,商业与我们生活之间存在的"鸿沟"似乎消失了,"客户是上帝"这个曾经被商业信奉的经营理念,如今变得如此和蔼可亲,"我想要的马上就有"已经不再是海市蜃楼般的幻觉。所有这些,都标志着一个新时代——消费者主权时代的来临。

权力的转换:从商家到消费者

当下的商业,正处于一个"连接大爆炸"的时代,这也是人类商业史上消费者最受宠的时代。在这样一个无限连接的时代,手机、智能音箱、智能手表等各种设备就是商家和你我建立连接的数字化触点。通过无处不在的数字化触点,消费者的每一次网络浏览、购物、外出就餐,甚至是当天的运动步数,都会在后台留下痕迹。不经意间,网页上突然跳出一个个性化商品或服务推荐窗口,"你好,很高兴为你服务"。当然,这还不算什么,当你正在考虑为你家宝贝的生日宴会准备一个蛋糕时,一个呆萌的机器人突然敲门,"嗨,您好,这是为您家宝贝准备的生日蛋糕,上面有您家宝贝的花名、祝福语,还有宝贝喜欢吃的水果"。此时此刻,你是不是有一种"幸福来敲门"的感觉:哇,这是神话故事吗?当然,你也会有抱怨的时候,当你在评论区抱怨糟糕的购物体验时,商家很快就会发消息给你:"亲,麻烦给个好评,请收下我们的小礼物,欢迎下次光临。"

过去,企业生产什么,商家就卖什么,你负责买买买就对了。多数情况下,你需要逛几次街、在网络里遨游几个小时:"哇,终于发现我想要的了,找你找得好辛苦!"买回来后你即使有抱怨,好像也只能忍气吞声。现在,你可没必要这么费劲地去找,各种App会给你推荐,好像很懂你的样子。当然,如果你很有个性,有点挑剔,那也没有关系。告诉我你的需求,给你定制好了。你要的冰箱是:"有跟我一样的身高,双门外开,皮肤是天蓝色的,有个人的漫画版肖像。"好的,没问题,三天后送到贵府。

过去,是你跟着商家走;现在,是商家跟着你走。无论你走到哪里,背后总有一个"她"陪伴你。无论你是否同意,你和我都处在一个"消费者主权"时代。

零售业态变迁的背后：人性释放的需求升级史

2015年以来的一个现象——线下关店潮，引发了关注。在新商业业态的大举进攻下，大量的实体商场、门店关门歇业，就连不可一世的沃尔玛也未能幸免。2019年刚过半，沃尔玛就在中国关掉了14家门店。有着"中国版ZARA"之称的国产第一女装——拉夏贝尔，在2019上半年关店2470家，巨亏5亿元，要出租总部大楼还债。与此形成鲜明对比的是，近几年，便利店、无人便利店、集多业态于一身的新型门店集体亮相江湖，盒马鲜生、7FRESH、天猫小店等成为这一轮新零售革命的急先锋。特别是盒马鲜生，这种集餐饮、超市、菜市场于一身的新零售业态赚足了市场的眼球，消费者既可以到店消费和现场享受美食，也可以通过App下单外送，盒马鲜生被业界誉为国内零售市场的新物种。按照创始人侯毅的话来说，盒马是一个数据和技术驱动的新零售平台。在数据和技术的驱动下，盒马通过数智化门店选址、选品、营销和供应链运营带来的极致购物体验，吸引了消费者的眼球。左边是关店潮，右边是开店潮，意味着消费者觉醒时代的来临，消费者开始争夺商业权力，用他们的手和脚重新进行投票。几盏灯灭，几盏灯亮。

以上我们讲到的零售业态变迁，仅仅是近几年商业的缩影。改革开放以后，特别是1992年商业对外开放以来，零售业态的变迁可谓波澜壮阔,从百货商店到超市、购物中心、便利店、专卖店,直到当下不可一世的电商和新零售业态。曾经,百货商店是60后、70后一段抹不去的回忆,明码标价、商品退换货制度、顾客进出自由、对顾客一视同仁等这些现在看起来很平常的改革,对当时的零售业来说已经是质的进步。零售业态的变迁,表面上是形式的变化,背后反映的是人性释放所带来的需求层次的升级。尤其是在当下的数字时代,人性释放被刻画得淋漓尽致。

如果说,在传统商业年代,消费者就是单独的个体,在商家面前只能算是一个吃瓜群众,那么,在新商业年代,消费者将不再是个体,而是一个有影响力的群体。

随着数字化在商业与社交领域的不断渗透,SoLoMoMe(社交化、本地化、移动化、个性化)消费群开始崛起。他们是移动互联网时代的主角,"我的消费我做主"已经成为新消费群释放人性(个性化、多元化、无止境)和争夺商业权力的新消费主义价值观的体现。在传统商业年代,即使是电商高速发展时期,消费者依然是商业的配角:商家生产什么产品,消费者被动接受,谈不上个性化需求。过去的商业,是制造驱动、渠道驱动。今天,这一切似乎发生了变化,消费者可以在各种数字化触点如购物 App 和微信、微博等各种社群,以及各种穿戴式设备上尽情表达自身的消费主张。近几年出现的关于消费代言的现象——网络红人,就是消费者表达、认同某一消费价值观的典型。通过微博、微信、直播等社交媒体和方式,网红能够跟海量用户直接进行沟通交流,根据"粉丝"的点赞、转发与评论等互动方式,精准预测需求。网红现象本质上是消费者选择消费代言人来表达自身的消费主张。

在数智化商业下,当个体以"社群"的方式存在时,其影响力是不容忽视的。被欺负、被忽视已经成为过去,天平在逐渐往消费端倾斜(见图1-1)。

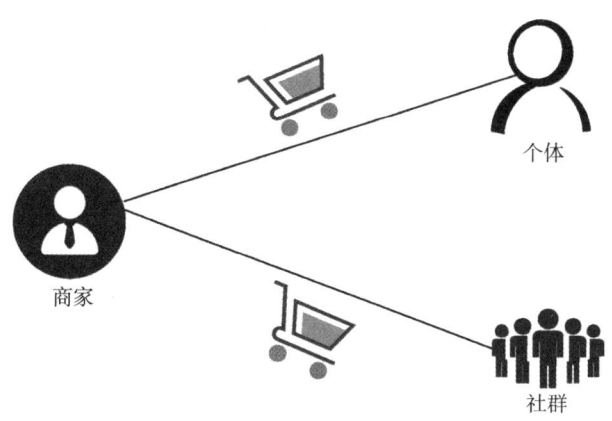

图1-1 商业天平逐渐往消费端倾斜

消费者权力的来源:科技、商业与人性

消费者主权最早由经济学鼻祖亚当·斯密提出,是古典经济学中不可动摇的原则。在互联网时代之前,古典经济学的设想一直没有实现。原因是,在工业经济年代,工厂与商家通过对资源

第一章 新消费:消费者主权时代的来临　　17

的集中控制形成规模性力量，从而对市场进行操控，作为个体的消费者很难对生产者采取集体行动。在生产者主权远大于消费者主权的传统商业年代，消费者的人性也无法得到释放。

从需求的角度来看，改革开放40年来，中国经济的高速发展一举让中国成为世界第二大经济体，这实际上是被压抑的需求集中释放所产生的结果。从百货商店的出现算起，个体对商品的消费体验经历了从明码标价、质优价廉、方便快捷到多元体验的变化历程。每一次消费升级，都意味着消费者权力的上升。例如，在当下的数字商业时代，消费者可以不受时空约束遨游在网络的海洋里，足不出户就可以通过各种数字化触点连接到海量的商品。当然，初期的互联网电商也备受诟病，其商品被打上了假货、次品的标签。

2014年以来，必要、网易严选、小米有品、淘宝心选等严选电商平台打着"去品牌溢价"的旗号，宣传着"想要质优价廉，来我这里就对了"，这是对品质消费的一次成功试探。2017年以来，互联网电商平台发起的"新零售""无界零售"运动，以线上线下融合、多元体验（如线下穿戴式体验、30分钟"到家"物流服务体验等）的方式超越了消费者的想象。可以说，改革开放40年来的商业史，就是一部从商品多样化、重性价比到重品质、快速、多元化消费体验的需求升级史，也是一部关于人性释放的需求层次升级史。商业的本质就是释放人性。例如，消费者的抱怨是否得到了重视？与消费者的互动是否被重视？消费者的分享天性是否被激发？消费者是否有机会参与产品的设计？……

奇虎360公司董事长、著名天使投资人周鸿祎认为，让用户选择产品其实很简单，就是不用他动脑子，不用他费力，还能帮他解决问题。[①] 传统商业年代，消费者只能在有限的地域和空间范围内了解商品的信息，比价也费时费力。早期的淘宝和京东就是抓住了这一点，通过平台的方式解决了人与商品之间存在信息鸿沟的问题，满足了消费者的知情需求（商品的种类、规格、价格等）。与其说淘宝是一个购物平台，不如说它是一个信息平台，顺便帮助消费者实现了更好的购物体验，其逻辑是建立起人与商品信息之间的连接关系。遗憾的是，淘宝并没有及早对"消费者天生乐于分享"的人性进行进一步挖掘，通过激发人性更大规模地构建"人与人→人与货"的超级连接关系。在互联网社交平台如微信和微博的助推下，人与人之间通过朋友圈、圈层实现了"信息"的大范围连接与扩散。而新兴的社交购物平台如拼多多、云集，淋漓尽致地展现了如何激发消费者的能动性来重构"人与货"之间的关系。就人与信息的关系而言，今日头条算是一个现象级的存在，通过大数据和人工智能使人与信息之间得到精准匹配。

[①]《周鸿祎：商业的本质就是释放人性》，砍柴网，http://www.ikanchai.com/2014/1221/8612.shtml，2014-12-21。

在人与信息精准匹配的基础上，今日头条旗下的抖音短视频正试图建立起"人与信息→人与货"的连接与匹配关系。未来，在大数据、人工智能等数智技术的加持下，商家对消费者的了解甚至会超过消费者对自身的了解。

工业经济时代，因为生产者拥有主导权，消费者的每一次抱怨几乎都是无助、无效的。现在，寻求安慰与伸张正义的声音，通过互联网的数字直达管道和人人共情的传声筒得以扩散与放大。关键是每一次发泄几乎都会得到回应，这与工业时代生产者主导的商业形成了巨大的反差。数智经济时代，任何一个数字化触点都是消费者发泄不满的传播管道。过去，商家通过广告、促销的方式取得供应方的主动权与信息垄断。如今，数字商业改变了信息传导的机制，商家再也不敢轻视消费者的权力。当下的大数据和人工智能算法推荐购物，就是消费者主权的部分体现。借助智能技术及互联网直通供应方的数字管道，消费者的需求被提炼清楚，人性得以充分释放并传达到商家。随着商业实现大范围的在线化与数字化连接，商业的主权逐渐从商家移转到消费者。这不是未来，而是现在。

从生产者主权到消费者主权，这种权力的转换不是纯然出于商家的慈悲、善心，乃是科技、商业与人性相互作用使然。

消费者主权时代商业的进化

我的消费我做主

消费者主权，是一种类似于"我的消费我做主"的个性化主张，主要体现为"我想要的马上就有"。拆开来，就是"这就是我想要的，你能提供吗？"和"我马上就要，你可以快一点吗？"。当下的商业有两个看起来十分矛盾的特征：一边是产业端、企业端的去产能和去库存繁忙景象，另一边是消费端在境外免税店左手电饭煲、右手马桶盖排队等待结算的繁荣景象。

背后缺失的是什么？

答案是供需之间在"质"上的错配与失衡。

过去，供需之间的不匹配主要体现在"量"的不匹配，现在的不匹配则体现在"质"的提升速度上。所谓的"质"，体现在"质量"维度，更体现在"个性化需求"维度。目前，标准化产品的市场已经饱和了。商业对需求的满足，已经从满足显性的标准化需求变成挖掘潜在的个性化需求。供需关系已经从"供"推动"需"，变成"需"影响"供"。

在阿里巴巴集团前总参谋长曾鸣看来，新旧商业的区别在于个性化需求是否能被"精准"（精，精确；准，准确）满足。"准确"追求的是几乎毫厘不差地挖掘潜在需求；"精确"指的是直击消费者在极度颗粒化场景下的痛点并按需服务。

从 B2C 到 C2B：商业逻辑的变化

如前所述，商业的本质是人性的释放。满足消费者"这个就是我想要的"欲望，就是释放人性的一种体现。90后、00后消费者是互联网原住民，他们出没在各种碎片化场景里并且主导着新式消费话语权。面对消费者主权的崛起和需求的快速变化，商业需要快速迭代以适应和响应变化。从 B2C（商对客电子商务模式）到 C2B，是消费者行使主权后商业的未来走向。B（商家）和 C（消费者）关系的变化，看起来是次序上的变化，背后则是商业运行底层逻辑的变化——消费者往哪里移动，商业就应该朝对应的方向迁徙。当电商、娱乐、社交、信息分发、元宇宙等平台成为新消费群体的移动时空，商业与消费者建立连接与互动的数字化触点需要不断迁徙。消费者活动场所变化给商业带来的挑战就是需要精准、动态地去匹配不断变化的需求。过去的消费是千人一面，现在是千人千面甚至一人千面。面对极度碎片化、个性化的需求特征，供给端需要重构匹配的方式，工业时代的打法如经验预测、规模化生产、冗长的分销渠道、清一色的广告，显然不合时宜。商业，应利用好在数智世界与消费者实时互动、评价反馈、数据和算法驱动等方式让需求先得到呈现，快速迭代产品以及产品背后的运营体系。

消费端的剧变，给商业带来的挑战不仅体现在渠道端，产业端的货源生产与组织方式、货的流转方式也会牵一发而动全身。商业，需要全局优化来面对快速变化的市场。过去，商业全链路的资源配置与组织方式，大都围绕相邻的交易节点来构建。例如，制造商进行产能建设、排产计划、库存设置、物流规划是站在代理商的角度，而代理商制订采购、销售和库存计划是站在经销商、零售商的角度。今天，如果生产、流通、物流的资源配置还用过去的组织方式，那么已经不仅是运营效率高低的问题了，而是关系到企业能否在变化的市场中立足。

为什么这么说？

原因是：需求快速迭代，产品的生命周期越来越短了。

现在的产品生命周期已经不是以"年"为单位，而是以"月"甚至以"周"为单位。今天我们讲的"爆款"就是这个意思。供应链的反应速度要快，否则需求已经过去了。今天，靠一款单品打天下的时代已经过去了，企业需要不断开发新品，小步试错，快速迭代。这也对企业的供应链运营体系提出了较高的要求，"快"的背后是供应链的柔性、敏捷性的打造。

什么样的商业算是 C2B

C2B 商业，其内涵在于：在平台与用户的持续互动中，挖掘潜在的用户需求，并通过对相关消费行为进行数据洞察，反过来指导产品的研发与生产。C2B商业的本质是数据驱动,用数据决策代替经验决策。例如,天猫在2014年推出了一种基于数据智能的C2B商业模式。通过"包销定制"的合作模式,天猫包下了美的、九阳、苏泊尔等知名品牌的12条生产线,基于自己掌握的大数据指导网络定制产品的研发、制造、定价与销售等。[1] 当下,很多品牌制造型企业都在协同外部力量寻求数字化转型。例如,大型时尚品牌企业百丽国际于2017年启动数字化转型。滴普科技利用数据集成工具(DCT),为百丽提供多种数据源,包括直营零售网络的数据汇聚、数据资产管理,从而有效支撑业务前台、业务创新等场景需求。[2] 体育用品企业特步集团,2021年携手数据服务提供商TalkingData开启"以消费者为中心的洞察与运营",其用意在于通过数字化项目整合特步的多渠道数据,完善消费者洞察与运营,通过营销全链路数据闭环赋能全渠道业务价值升级。[3]

提到C2B商业,大家的第一反应可能就是互联网定制与预售,当然这也是C2B商业中的一部分。目前看来,互联网定制商业在少数几个行业如服装、家具制造等有了零星应用,其大规模兴起

---

[1] 曾鸣,《智能商业》,中信出版社,2018年。
[2] 滴普科技 DEEPEXI,《百丽国际牵手滴普科技,敏捷高效提升数据智能化水平》,知乎,https://zhuanlan.zhihu.com/p/398283600,2021-08-10。
[3] TalkingData,《特步携手 TalkingData,共建消费者数字化运营体系》,搜狐网,https://www.sohu.com/a/454096680_617676,2021-03-04。

还有待时日。有的所谓个性化产品，其实也只是简单模块的组合，难以称得上真正的"个性化"。定制虽然使得供需匹配的精准度提高，但也牺牲了"快"和"高效"。定制的商品往往需要等待一些时日，如7~15天，比起现货谈不上"快"，还有很大的改进空间。另外，个性化定制是否能从根本上解决个性化需求与规模化生产之间的矛盾，还需要打个问号。例如，对服装定制而言，有的服装定制平台提供上门量体服务，但需要付出高昂的线下运营成本。运营成本高，决定了企业只能将目标市场定位在少量的高端客户。

未来，C2B商业实践大概会存在两种力量和形态，一种是消费端发起的大规模定制商业，另一种是产业/商业端发起的数据智能商业。

数智化、绿色化加速商业重构

消费者能够如此受宠爱，其背后就是数字化的赋能。数字化在提升消费者权力的同时，也让商业有机会借助数字技术重构全链路，寻求新的业务增长点和效率提升。数智化，是包括人、货、场，以及所有商业基础设施的全面可视化、可分析与可调度。

"人"的数智化，指的是人将会以微粒化的方式被解析、了解通透。克里斯多夫·库克里克认为："数字化的进程，让我们生活在新型的社会——微粒社会，我们的身体、社会关系以及政治和经济等一切都将以比之前更加精细、精确、透彻的方式被获取、分析和评价。"①对人的解析,自然离不开通过消费者接触的各种场景(如各种社交应用、信息分发、购物App以及线下购物场所)进行数据分析和智能推荐。如今,"场"已经不是单一的线下购物场所,而是与消费者接触的各种数字化触点与界面。未来随着芯片边际成本的降低,每一件商品都可以携带一个芯片,做到全生命周期可识别、可跟踪。

物联网技术的发展,几乎可以让一切商业基础设施,包括工厂、场站、生产设备、仓库、门店,实现产业的数智化互联。我们现在谈的工业4.0、智能制造,实际上就是在生产设备、工序等环节安装各种传感器,时刻监测设备的运行状态、机器的行为、机器的产能利用率、机器的寿命、机器在整个生命周期的碳排放强度等。需要指出的是,数字化不是目的,数智化才是未来。高复杂度的网络协同,需要借助人工智能及算法来实现资源的合理调配和优化,让数据和算法参与到商业价值的创造中,给人类带来美好生活。

当下,气候变化已成为全球瞩目的议题。绿色、环保激荡着中国经济高质量发展的脉搏。绿色、环保、低碳发展的政府执政

---

① 克里斯多夫·库克里克,《微粒社会——数字化时代的社会模式》,中信出版社,2017年。

理念的推动,消费者不断增强的环保意识的拉动,加上数字化发展战略与实现碳达峰、碳中和目标相得益彰的预期,使产业端、流通端、消费端的商业与运营模式面临着绿色化、数智化重构。通过数字技术推动产业的低碳转型,已经成为商界的共识。数智化,可以带来低碳的效果。例如,云计算、SaaS(软件即服务)代替传统的IT(信息技术),在大幅提升企业运营效率的同时降低了碳排放,帮助企业以数智化方式管理生态足迹。同时,数智平台的商业模式,由于有生态系统中的不同角色(如商家、消费者、物流公司、金融保险公司以及为平台服务的各种角色)共同参与,可以推动绿色和数字技术与市场机制的深度融合,让绿色转型成为经济转型发展的一个核心驱动力。

未来的数智商业:超级供应链平台

未来的商业数智化会向哪个方向走?

首先依然是平台化,但不是我们今天看到的渠道端互联互通的平台,而是融合了采购、生产制造、渠道、金融、物流、消费等功能的数智平台。我们把这样的数智平台称为超级供应链平台。所谓的超级供应链平台,就是消费互联网和产业互联网平台的融合体,融合了消费、渠道、生产、采购、物流等各种商业场景,并基于平台的数字化连接机制和数据智能,围绕丰富的需求场景对各种商业要素进行合理的分配、管理与调度,畅通经济大循环。

超级供应链平台的核心,将不再是简单的信息撮合与交易,而是通过机制、管理、技术的协同,对商业世界的生产关系、生产力和生产要素进行升维,创造新的价值,从而实现商业可持续发展的美好愿景。

忻榕、陈威如、侯正宇在《平台化管理》中指出,数字化技术带动产业全面平台化重构,企业管理也亟须平台化。平台化管理,是运用物理学粒子的概念将商业社会各个元素进行微粒化解构与重构进而提出的一种管理思想。其统合平台化企业的关系、能力、结构、绩效和文化,借助数字化技术与工具将能力扩展到整个产业和生态圈,并对传统产业链进行解构和重构,实现新的价值创造。[①]

数字智能时代的商业:从供应链竞争到数智化供应网络协同

过去,商业运营的方式是将不同角色进行线性串联,因此专业分工、上下游博弈是价值链合作的底层逻辑。但是,我们发现在数智时代,面对个性化、多变的客户需求,上下游博弈、各人自扫门前雪的逻辑将会被颠覆。由于数字科技可复用、容易规模化,数智时代催生的新商业文明是共创、共赢与协作。在新的商

---

① 忻榕、陈威如、侯正宇,《平台化管理》,机械工业出版社,2019年。

业文明下,商业的本质没有变,但经济发展与商业竞争的逻辑变了。商业的本质,最终要回到"用户体验"和"商业运营效率"。用户体验的升级、商业运营效率的提升,不能靠零和博弈和取代的方式实现,而要靠共创应变、协作共赢。数智技术的发展打破了企业与行业的边界,重新构建价值链、供应链与产业链的协作方式。未来,边界清晰的封闭式供应链组织形态将会向开放(打破边界)、协同(能力互补)的数智化供应网络进行演化。

用户体验与商业运营效率是否一定是此消彼长的关系?当数智化来临,商业能否实现体验与效率的"鱼和熊掌兼得"?如何实现,手段是什么?请读者在后面的章节寻找答案。

· 第二章 ·

新商业：商业进化倒逼物流变革

要点

从跨城零售到同城零售，本质上是数据驱动下的商品与消费者、产与销之间的重新连接和匹配。连接方式的重构，打破了过往渠道、商品、物流与消费者的固定连接方式。企业需要思考的是：如何借助数智化重新设计供应链全链路。例如，品牌商要不要将货权打通、渠道商如何重新定位、货的空间布局如何调整、物的流转方式如何设计等。这是物流需要面对的新挑战，也是物流的新机遇。

问题与思考

1. 未来5~10年，消费者对于物流供应链的需求是什么？物流行业将会面临什么样的大变革？在仓配装一体化运营上遇到的最大挑战会是什么？企业需要积累哪些能力？

2. 什么是全渠道、线上线下一盘货的商品全链路变革的本质？转型怎么做？品牌商面临的最大挑战是什么？

3. 什么是同城零售？从过去主流的跨城零售迈向同城零售的过程将遭遇哪些挑战？有什么数字化技术、组织协同机制、物流网络布局需要考虑？

商业进化： 从跨城零售到同城零售

有商业的地方，就会有物流。物流，伴随着商业成长；反过来，物流的成长，也会有助于商业的进化。

目前，商业的创新与探索已经进入深水区，制造业升级、商贸模式变革、消费升级等趋势演变，对物流业的发展方式、商业与运营模式提出了新的要求。在商业与物流进一步融合的要求下，物流扮演的角色已经不再是附属性的功能或职能，而是商业生产函数中的一个重要变量。物流不再是单一的成本项支出，而是促进消费升级攫取商业利润的利器。在以数字化融合与创新发展为主旋律的新经济时代，物流将有机会携手商业完成新的历史使命。

同城零售模式创新：以高频流量入口带动低频消费

数智时代，个体权力的上升让消费者可以对商业指点江山。从电商、本地生活到出行等各个领域，各路平台为了争夺消费者都上演过激烈的百团大战。很难想象，短短的20多年间数字化会给商业带来如此大的变化。当各路资本正在盘算如何才能在传统电商领域冲出一条血路时，没想到有人已经换道超车了，这条道路就建在我们的身边。为城市、社区新修建的即时配送的路，给原来的跨城道路带来了降维打击。

在需求迭代升级趋势的指引下，本地化、社区化、同城化的各种零售业态应运而生；对应的是，服务于跨城零售的传统电商正在被同城零售业态逐步蚕食。原先，外卖平台、前置仓生鲜零售平台主要售卖的是餐饮、果蔬类和水产类生鲜，现在这些平台也在通过扩充品类（如米面粮油、酒水饮料、休闲零食等品类）进入传统电商擅长经营的业务。在售卖生鲜的同时扩大经营品类，通过高频消费带动低频消费，生鲜业务不赚钱但日常消费品业务赢利，似乎已经成为同城零售经营模式公开的秘密。近来火热的社区团购，通过"预售、次日达、自提"的独特标签成功破圈，是同城零售战局中一股不可忽视的力量，甚至大有超越其他同城零售业态的趋势。在以高频入口带动低频消费的大趋势下，同城零售的经营品类将有可能从早期的生鲜全品类扩充到一个大型超市（例如沃尔玛）销售的全品类。

商业进化：从跨城零售到同城零售

每一轮商业变革，背后其实都是新的需求在被唤醒。

足不出户、随时购物、商品选择权、性价比，是电商时代的消费关键词。商业进化的同时，消费者的消费观也在升级。当下，品质消费（如对生鲜品类的需求、"我想要的马上就有"需求快速满足）、体验消费（如注重本地生活、线下门店的体验），是新的消费关键词。商业永远跟着人在走，而新的消费观必然会催生新的商业业态。目前，以电商为代表的跨城零售业务，逐渐在向以社区和城市为单位的社区与同城零售业务进行拓展。

如何区分传统电商、社区零售和同城零售这三种业态？

简单点说，可以从不同的商业业态物流所能覆盖的区域范围来划分。传统电商主要提供 300~1000 公里的跨城零售，尤其以淘宝、京东、拼多多为代表，通过仓配网络让商品在 24 小时内到达消费者手上。

本地生活及零售业态主要是以社区为单位，依托就近的餐饮店、便利店、前置仓，提供餐饮外卖和生鲜零售服务，覆盖的范围是消费者周边 3~5 公里，目标是在 30 分钟到 1 小时将商品送达消费者手上。其中，美团、饿了么、京东到家、多点等开放平台是本地生活到家模式的代表，叮咚买菜等社区零售电商平台是前置仓模式的代表。盒马鲜生的"前店后仓"模式则稍微另类点，线下门店集现场烹饪、体验购物场所、线上下单门店配送到家等多种角色与功能于一体。

从物流网络的视角来看，社区周边的每一个便利店、餐饮店本身就是一个微型的前置仓，只不过是以"以店代仓"的形式存在而已。这些天然存在的门店,是提供3公里到家配送服务的绝佳仓配点。实际上,围绕本地社区、同城提供的商业服务,就是一个对存量仓位的资源进行整合的数智化仓配平台,同时这些门店/前置仓还提供了个性化的产品现场生产和冷藏保鲜服务。

相比社区零售3~5公里的辐射半径,同城零售业务的辐射范围大概在20公里。同城零售,是以城市为单位开展的即时到家零售业务。因为2020年的疫情,曾经不被看好的社区团购俨然已成为同城零售的引爆点,甚至让互联网巨头们将社区团购提升到同城零售的首要位置,无上限地投入与布局。当下,社区团购的代表性平台企业有兴盛优选、美团优选、橙心优选、多多买菜以及阿里MMC(社区电商事业群)下的多个社区团队,如淘菜菜、菜鸟驿站、零售通、盒马集市、饿了么等。盒马鲜生创始人兼CEO(首席执行官)侯毅认为,社区团购的商业模式对传统电商有替代作用。

同城零售也不是互联网平台企业的专利。在各大平台向社区、同城零售发力的同时,线下门店也在做线上零售的转型。原来只是店面售卖,现在除了线下,还增加了线上下单线下配送。例如,三江购物通过三江云菜App、门店连接周边3~5公里的消费者并提供到家业务。三江购物在宁波拥有超过100家店面,包括社区生鲜店(店面面积500~1000平方米)和MINI店(店面面积200平方米左右)。三江所有的店面,主打的是生鲜品类(蔬菜、水果、水产等），生鲜品类占到店面SKU（最小存货单位）的70%以上。与传统电商难以涉猎生鲜品类不同的是，同城零售将消费者日常生活中刚需、高频的生鲜品类作为主战场，因为生鲜品类具有极强的引流价值。以高频的生鲜消费带动低频的日常商品消费，已经成为传统超市求生存发展的必要手段。

近几年，2C（面向消费者）端的零售变革吸引了最多资源，各路英雄发力在直接零售端点燃战火，尽量讨好消费者。与此同时，品牌制造商们也不甘示弱，通过D2C（渠道扁平化直接零售），以品牌旗舰店、自建在线商城、小程序等数字化方式直面消费者。例如，美的现在的订单有一半是直接面向消费者，茅台酒也自建App直接触达消费者。

需要指出的是：在2C端零售变革的同时，2B（面向商家）端的流通渠道电商化也在同步变革中，这也是我们今天经常提到的产业互联网。以生鲜为例。生鲜B2B（企业对企业）电商兴起于2014年，以独角兽美菜网的上线为标志性节点，随后，果乐乐、链农、宋小菜、饿了么有菜、美团快驴等生鲜B2B平台相继成立，采用的模式是"生鲜B2B+垂直服务"。生鲜B2B电商的出现，在一定程度上解决了生鲜交易和流通过程中存在的"高损耗"痛点。目前，生鲜B2B电商平台的主流是以中小餐厅为切入点，提供的品类为生鲜全品类[①]，如美菜网、链农等。宋小菜则另辟蹊径，选择以生鲜零批商（例如，农批市场的中小摊贩）为切入点。各种零售业态的对比，如表2-1所示。

表2-1 各种零售业态的对比

零售业态	代表性企业	需求类型	模式 商业模式	模式 经营模式	履约方式	履约时效	履约费用	对比
传统电商	天猫、京东	计划性需求	平台/自营	到家、自提	单单配送	1~3天	2~3元/单	时效（从快到慢）：前置仓/线下门店→外卖平台→社区团购→传统电商 履约费用（从低到高）：社区团购→传统电商→外卖平台→前置仓→线下门店
外卖平台	美团、饿了么	即时性需求	平台	到家	单单配送	30~60分钟	7~10元/单	
前置仓	盒马、叮咚买菜	即时性需求	自营	到家	单单配送	30分钟	6~7元/单	
社区团购	兴盛优选、淘菜菜	计划与即时性需求之间	自营	自提	单单配送	次日达	1~2元/件	
线下门店	大润发、联华超市	即时性需求	自营	自提或到家	门店自提/单单配送	0或30分钟	0或6~7元/单	
生鲜2B平台	宋小菜、美菜	计划性需求	自营	配送到B端	单单配送（批量大）/自提	次日达	不详	

---

① 生鲜全品类包括蔬菜、水果、禽肉、水产、干货、熟食等。

商业进化中的供应链变革

商品地理空间布局：货离消费者越来越近

货离消费者越来越近，反映的是什么？

答案是：在消费升级趋势下，物流服务体验已经成为连接供需之间的重要变量，其影响力和重要性已经超越价格变量对供需调节的影响。

从跨城零售到同城零售的商业变革，实际上是消费升级趋势下，传统商业朝向C2B或C2M（用户直连制造商）商业模式的进化版。C2B的核心是识别需求并按需服务。能否提供按需服务，简单地说，就是消费者需要时，能不能及时响应。特定情况下，能不能满足"我想要的马上就有"。尤其是对于外卖、生鲜到家的消费场景，能不能在一小时甚至半小时内到达。所以，消费者下订单时，商品在哪里就显得尤为重要，这也是前置仓（例如叮咚买菜）、以店代仓（例如美团）、店仓一体化（例如盒马鲜生）等同城零售业态能够跑通的重要逻辑。

消费趋势，除了升级还有分层。例如，社区团购模式中，"预售制"带来了精准的供需匹配和规模经济效应。相比社区到家模式，售价较为低廉，平台方也因此降低了物流的速度（次日达），消费者也愿意通过低价换取欠佳的物流体验（到店取货）。在社区团购的例子中，消费者下单时，商品是在各大平台的区域供应商仓库或者蔬菜基地，货离消费者的距离往往会在 100 公里左右，通过直供降低中间分销体系的剥削及蔬菜转运的损耗。生鲜蔬菜因为具有保质期短、易变质等特性，原先的菜市场、门店售卖方式耗损高达 30% 以上。社区团购通过集单、按需采购、采摘、集送、集配的方式大幅降低店面损耗、挑选损耗和人为损耗。相关数据显示，社区团购的生鲜蔬菜的损耗率可以控制在 3% 左右。

不同的商品品类，货的空间布局思路是不同的。

在高频带动低频的逻辑下，不管是高频还是低频、标准品还是非标准品，配送速度永远是商家需要考虑的核心问题。要提升消费体验，将货布局在消费者的周边是不二的选择。当然，不同的行业也会有差异，不同的产品、需求特性，货物的地理空间布局的逻辑是不同的。例如，消费者对服装、消费品和生鲜的物流速度与体验要求是不一样的。平台或商家需要从需求差异性（计划性需求/即时性需求）、消费者对价格的敏感度（高/低）、商品所能提供的价值（独特/一般价值）、商品的生命周期（长/短）等多个维度来设计货物的空间布局。高频刚需的生鲜品类对配送速度的要求最高，消费特征是即时性，再加上易损耗，将货布局在前置仓、门店离消费者近的地方，以减少搬运与流通加工的次数、提升配送速度（注：计划性需求下，速度要求有所降低）、降低损耗是商家对于该品类商品供应链布局的一大趋势。

对于低频非刚需的品类，例如互联网服装定制，先拿订单，然后工厂加工制造，再从工厂发货，似乎是当下唯一的选择，货与消费者距离远是目前面临的现实情况，这与传统的电商是较为类似的。特别是对能够提供独特商品价值且生命周期较长的产品定制（例如去除品牌溢价的高档眼镜、家具等）来说，由于计划性需求加上独特价值的加持，消费者愿意为商品等待更长的时间。例如，必要商城上的产品都是大品牌 OEM（原始设备制造商，俗称代工）企业生产的，去除了品牌溢价成本，消费者愿意为这样的产品等待 3 天到 1 周的时间。图 2-1 展示了商品的几种地理空间布局方式。

图 2-1 消费者发出订单时，商品所在位置的变化

物流形态演变：从中心化物流到点对点物流网络

在不同的商业业态下，物流的交付方式发生了哪些变化？

在商业、市场、物流的关系中，物流一边连接商业，一边连接市场（消费者）。如今，数字技术的发展基本上抹平了商业与市场的鸿沟，商业（产品）与消费者的连接方式已经发生了巨变。这些变化，主要体现在品牌商（货）与消费者"去中间化"的直连、多元化、碎片化购物渠道与场景上。人（消费者）、货（商品）的连接重构，带来的是不同的物流交付与履约方式。电商业态下，货与消费者连接是通过"中心化"的方式（比如，快递、仓配一体化）来完成的。同城零售下，货与消费者的连接是"去中心化"的方式（比如，同城快递、即时物流、点对点）。例如，顺丰围绕四大核心场景新开展的同城递送业务就与其过去擅长的快递物流有不一样的能力与架构。四大场景包括：本地餐饮、同城零售（商超生鲜、鲜花蛋糕、医药等）、近场电商（服装、美妆、3C产品等）和近场服务（个人跑腿、企业服务等）。

国内商业的发展历程大致分为三个阶段，分别对应传统商业、电商和同城零售三种商业业态。不同的商业业态，对应的是不同的物流连接与组织方式，如图2-2所示。整车、零担和合同物流，主要是线路连接方式（例如，连接工厂与工厂、仓的长距离运输），辅以区域性的物流网络（例如，合同物流主要针对一些大客户布局的区域物流网络）。快递（以顺丰、通达系为代表）、仓配一体化（以菜鸟网络、京东物流为代表）是电商物流的形态。快递与电商物流，其连接货物的方式主要是"中心化"的物流枢纽型网络（例如，快递的"收货网点—分拨中心—发货网点"物流网络）。相对的，即时物流（如顺丰同城快递、点我达、新达达、美团配送、蜂鸟配送）是同城零售物流的主要形态。

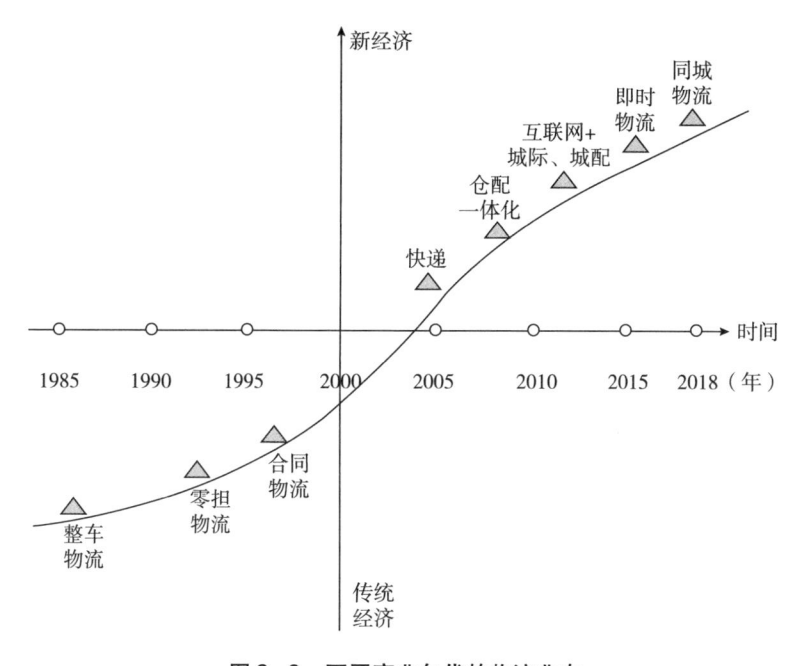

图 2-2 不同商业年代的物流业态

相较于快递与电商物流 1~3 天的交付履约时间，同城零售物流的交付时间以小时甚至以分钟为单位。那么，这种快速响应必然要求物流"点对点"。相对于跨城零售物流的"中心化"，同城零售的物流网络是"去中心化"的连接方式。例如，同城零售业态将商品布局在城市区域仓、前置仓或门店等各个"点"，这些"点"要随时做好与消费者直接连接和提供服务的准备，没有电商物流中的中心枢纽设置。社区团购物流是同城零售的另一种形态，因为是 2B 方式的集送、集配物流，对分拣的要求低。图 2-3、图

2-4、图2-5、图2-6为快递、电商物流、即时物流、社区团购物流的交付与履约流程。

图2-3 快递业态的交付与履约方式

图2-4 电商物流的交付与履约方式

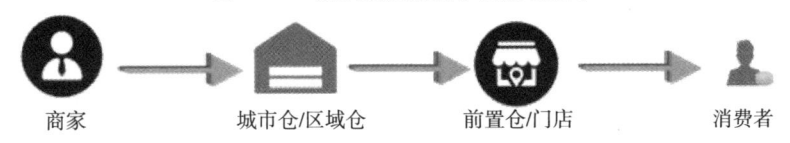

图2-5 即时物流的交付与履约方式

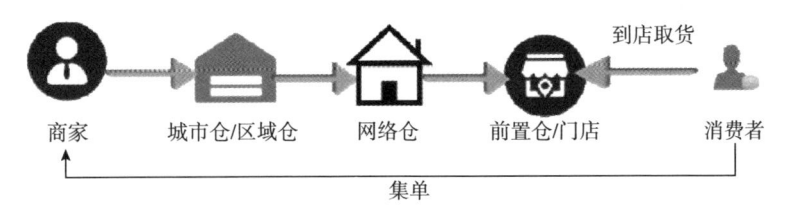

图2-6 社区团购物流的交付与履约方式

不同的商业业态，对速度与效率的追求是不一样的，其背后代表的是不同物流网络的连接特征，以及物流的"运、仓、配"功能与角色变化，如表2-2所示。同城零售对"速度"的追求超越了对"效率"的追求,而跨城零售对"效率"的追求超越了对"速度"的追求。因应不同的价值主张,物流与商业需要按场景进行匹配与优化。

表2-2 各种商业业态对物流的要求

	对速度与效率的要求	物流网络特征	仓的功能	配的功能	运的功能
跨城零售(2C)	效率>速度	中心化物流网络	流通与加工功能	中心仓库包裹分拣与网点递送C端	对包裹的集约化货运方式有要求
同城零售(2C)	速度>效率	去中心化物流网络	储存与"点对点"配送功能	前置仓或门店直送C端	有一定的批量化运输优势
传统商业(2B)	效率>速度	物流线路	储存功能	中心仓库配送到B端	拥有批量化运输的先天优势

数智商业驱动的供应链变革

商业进化背后的驱动力是什么?数字化如何有效激发供应链变革?

从跨城零售到同城零售,本质上是数字化驱动的供需重新匹配,包括将人、货、场进行时间与空间上的匹配。例如,在消费端,顾客的行为被数字化后,就可以做更好的需求预测。需求预测分析是否精准,决定了商业是否有底气将货布局在消费者周边,让货主动连接人,同时,也影响了供应链全链路、全渠道运营的效率。简单来说,在能够以订单和数据洞察消费需求后,我们就可以考虑把供应链中的多级渠道进行扁平化,减少流通中的层级,做到让工厂、品牌商直接对接消费者。

商业的本质,是不断满足甚至引领需求。首先是想办法让供与需、产与销匹配得更加精准;其次是在此基础上,让供需与产销更加协调。所谓供需协调,就是让商品送达顾客手中的全流程运营环节更加通畅、供应链更加优质,平衡好服务与成本。例如,社区团购就是通过数智化供需匹配(发挥团长的力量进行预售和集中订单),在集单的基础上,进行集采(从基地源头进行集中采购)和集配(集中配送),有效平衡了消费者体验(价格低廉、速度快)和供应链效率(成本降低、耗损下降)。

值得一提的是,总部位于杭州的一家做菜市场生意的生鲜B2B平台——宋小菜,是通过数智化供需匹配方式来协调供应链运营的先驱者。在创始人余玲兵看来,中国农业的出路不是市场经济,而是"新计划经济",即基于数据和算法完成供给和需求之间的快速精准匹配。[①] 基于订单、数据以及算法,一方面可以告诉上游应该生产种植什么品质的农产品,解决供需之间信息不对称的问题;另一方面,通过对订单进行整合,做到规模化采购,让产销更加

[①] 朱传波、陈威如,《宋小菜——以数字化供应链破局生鲜》,《清华管理评论》2020年第4期。

协调。产销不容易协调，主要体现在消费者的饮食需求是个性化、多变的，而农产品供应端需要规模化生产以及前置耕作，造成中间运营环节的效率不高，常有库存、损耗或缺货。

宋小菜的模式有两大看点。一是通过供应链运营模式的创新，即通过下游收集订单再将订单给到上游（集单和集采），实现以销定采（前期是在一级批发市场采购）。这种以订单的整合为基础的规模化采购方式，可以有效解决配送效率问题。宋小菜可以将货物从一级农贸批发市场或产区通过整车直送的方式送达客户。[①] 二是在创新运营实现规模化效率的基础上，深入产区做货源的数字化、结构化，实现"以销定产"。在深入蔬菜产区的过程中，宋小菜将蔬菜供应商、货源、物流、销售等产业全链路进行数字化打通，让产与销做到真正的匹配和运营上的协调。在产业端，构建商品、价格行情和卖家数据库，让蔬菜商品做到跟工业品一样可分级、可定级、可标准化。在运营端，构建供应链管理系统和物流数据库，实现蔬菜商品从入产地仓、库内运营、干线运输到城配的全链路数智化运营。在销售端，构建客户关系管理和买家数据库，方便对市场需求进行洞察。宋小菜的例子可以很好地说明，

---

① 在 2020 年疫情的持续影响下，生鲜消费结构逐渐向线上倾斜，宋小菜也重新定位了目标客户群体，从面向三级菜市场摊位经营者拓展到了终端菜市场摊位经营者、线下生鲜零售店、餐饮店等小 B 客户群体。

先将供需进行数字化匹配,然后再提升全链路的数智化协作,是实现包括物流在内的供应链全链路运营效率的有效路径。

在数字化技术引领的新一轮商业变革中,包括农业、快消、服装、医药、跨境在内的各行各业都在寻求供应链数智化变革。特别是,2020—2022年疫情时期,消费者的宅家消费趋势加速了生鲜与快消品行业的数字化转型。转型与变革的核心动力有两个:一是数字化供需匹配提升业务;二是供应链渠道变革,例如渠道的扁平化与去中心化、供应链全程溯源、全链路全渠道整合的物流变革等。供应链变革的特征有如下几个。

第一,渠道扁平化、去中心化、社区化的趋势在加速。目前,供应链变革加速向上游和下游推进,包裹始发地开始向上游和下游集中。向上游推进,指的是源头、工厂直接对接零售渠道、顾客,即形成M2C(生产厂家对消费者)的扁平化供应链,未来将会向C2M的供应链进行演化。向下游推进,指的是渠道端的变革。对于生鲜消费来说,原来以农贸市场为主的消费场景,2020年起在疫情影响下加速向便利店、社区零售店、社区团购这样的同城零售场景演化,供应链渠道扁平化、下游经营者连锁化、品牌化、标准化、社区化的零售场景已经成为生鲜行业变革的方向与趋势。在同城零售趋势下,包裹会加速向下游集中。也就是说,当消费者发出订单时,包裹的出发点不再是传统的中心仓,而是就近的前置仓、门店,以加快供应链对市场的反应速度。总体上,供应链变革的目标主要体现在以下几个方面：一是供需的精准匹配，通过整合下游需求，指导上游的种植与生产；二是优化产业链条，降低流通环节的贸易成本与物流成本；三是提升供应链对市场的反应速度。

一般而言，行业的变革不外乎由市场需求升级、技术、商业模式创新推动，推动的主体是企业。例如，竞争激烈的快消行业、生鲜行业的供应链变革是互联网巨头和品牌企业在推动。而有些涉及民生福祉的行业，如医药大健康，其变革的源头是政府推动多一些。例如，医药行业的"医药分开"、集采制、"两票制"[①]改革，大幅压缩了医药流通的渠道层级，提升医药流通行业集中度和供应链集成度，最终降低虚高的药价，减轻老百姓的看病负担。

第二，供应链越来越复杂。经过多年的创新与演化，如今，随着社会分工的日益复杂和全球贸易形式的多样化、商业零售场景的碎片化，商品连接需求的链条越来越繁杂。零售场景的多元化，主要体现在越来越多去中心化、细分群体的渠道加速形成，直播、短视频等新兴渠道的加入使得销售渠道的管理越来越复杂。各种类型的跨境进出口贸易形式，如网购保税进口、直购进口、

---

① "两票制"是指药品从药厂卖到一级经销商开一次发票，经销商卖到医院再开一次发票。

离岛免税购物等，使得商品与人的连接方式越来越多样、复杂。面对错综复杂的供应链，想要保证商品与需求的高效连接，需要借助数智化的力量来化解"剪不断，理还乱"的问题。

第三，数智化帮忙构建柔韧供应链。柔性（flexibility），指的是能够根据市场需求结构的变化（如个性化的小额订单），实时调整供应链以占领新的市场。供应链的柔性强调以适应性应对市场的变化（非常规意义上的需求波动），如通过生产柔性（从大规模到小批量定制）、计划柔性（从提前计划到灵活应变）、交货柔性（可快可慢）、新产品柔性（快速推出新产品）来匹配用户的新价值主张。在用户提出要求时，能以最快速度抽取"要素"，及时"组装"，满足消费者在品种、数量、时间方面的不同需求。

韧性（resilience），指的是承载冲击的能力、反弹恢复到原有状态甚至反超改进的能力[1]，一般是通过部署冗余的能力来应对，如缓冲库存（需付出额外的成本）、维持多供应商体系（有应变性，但成本会偏高）、应急产能（跟人家签应急合同，正常情况不采购但应急时需要对方保证供货，成本非常高）。例如，这一轮新冠肺炎疫情对制造业的影响，实际造成了供应中断、复工延迟、物流停摆，这个时候企业比拼的不是产品好坏，而是有没有交付的

---

[1] 李平、竺家哲，《组织韧性：最新文献评述》，《外国经济与管理》2021年第3期。

备用方案，如应急的供应商体系、外协产能、安全库存、可替代的物流线路与方案等。韧性供应链有三个特征：抗压性（面对外部环境的变化或突发情况能保持稳定供应，避免波动）、应急性（可以帮助供应链实现弹性的提升，如在面对风险冲击时可通过改变产品的设计或产品本身来应对）、冗余储备（安全库存、外协产能、备案等）。冗余太多，成本太高；冗余太少、太过于精益，又难以应对供需变化。这需要企业来动态权衡，权衡的背后是企业对风险的预警和感知能力，这种能力越强，企业调整资源配置就越自如。

数智化可以帮助供应链以低成本方式实现柔性和韧性。企业可利用数字技术洞察消费者及环境的变化信号，提前做好供应链与消费者的适应性匹配；数智化可以带来产业资源的全局观、可视性（看清楚产业链同类及配套企业的生产要素状况，从而先人一步获得未被发现和利用的存量资源）；数智化打通供应链，可帮助实现风险预警、调度、应对能力的提升。

第四，供应链全程数字溯源带来信任消费。在消费升级的背景下，需求越发聚焦于品质与安全。从田间到餐桌、从采摘到消费者手中的全程溯源是供应链变革的一大动力。商品一物一码、供应链全程溯源，目前在食品和药品行业得到了广泛的应用。2020年，盒马鲜生上线了盒马溯源系统。上游农业生产经营者通过盒马开发的溯源系统，每天采集和录入农产品的全链路信息。顾客可以在盒马 App 上对加入追溯计划的菜、肉、蛋、奶等民生商品追根知底，产品可查、去向可追、责任可究，防范假冒伪劣产品。从信任的角度来看，去中心化的商品溯源系统更加具有信任度。例如，通过区块链技术打造去中心化的溯源平台，利用区块链的不可篡改性和永久所有权特点，提高用户的信任度。

第五，冷链物流迈入发展新征程。只需轻轻一点手机，各地的果蔬、肉禽蛋品、海鲜水产等生鲜品就能在第一时间送到家门口。冷链物流，连接田间地头、百姓餐桌，为消费者"舌尖上的安全"保驾护航。生鲜品是新消费的主战场。消费者对生鲜品时效性、新鲜度的要求升级，并愿意为之付出合理溢价，这也倒逼冷链运输、冷藏、技术装备等物流要素的全面升级。

全链路、全渠道数字化协作重构是供应链变革的趋势。商业的变革，已经从渠道端的浅水区走向全链路的深水区，这必然会引发商业从研发、生产制造、库存、渠道到消费端的全链路数智化变革。目前，包括宝洁中国、雀巢中国、美的、九阳股份、红豆股份在内的品牌商正在与合作伙伴探索商品全链路的数字化转型方案。数智供应链的变革，必然涉及物的流转方式与路径的重构。物流的全链路重构，使物流不再是传统意义上的端到端的交付，而是把物流放在整个产业链、供应链全场景里，对货物与消费者的连接方式进行重新匹配，探索各种消费场景下的个性化物流解决方案。这，也是业内在探讨的"千场千链"。

物流变革：助推商业实现"快、准、高效"

商业进化目标：快、准、高效

商业会往哪个方向进行进化？

答案是用户体验和客户价值。什么是用户体验？是我需要的马上就有。什么是客户价值？就是使货在整个供应链中的流转效率得到提升。

从跨城零售到同城零售，本质上是数据驱动的人、货、场的重新连接。跨城零售的逻辑是"人找货"，同城零售的逻辑是"把货推送到人"。"人找货"比较容易理解，就是消费者主动通过各种渠道和数字化触点的连接去搜寻货品。所谓的"把货推送到人"，是商家主动推送特定的商品给特定的消费者（准）并快速满足。当然，"准""快"的背后需要"效率"，没有"效率"的"准"和"快"，其商业模式是不可持续的。大致可以推断，"快""准""高效"是商业的下一步进化目标。

"准"指的是供应链规划与消费者个性化需求的精准匹配。"快"讲的是物流速度。"准"和"快"，决定了产品与需求的匹配度和顾客的消费体验，影响企业的订单与业务，决定了企业收入项的大小。

"高效"，代表的是运营效率（包括物流运营效率），决定了企业为满足商业需求付出的成本项的大小。

"物流效率"可以界定为"每增加一个单位物流成本的服务水平增加度",这是基于边际服务水平层面的考量;或者可以界定为"每增加一个单位服务水平对物流成本增加的控制度",这是基于边际成本层面的考量。从商业进化来看,在某种程度上,现在的商业竞争是基于时间的竞争,商业对物流速度和服务体验的要求越来越高。所以,我们更倾向于将物流效率理解为给定服务水平的物流成本的控制。

对于商业而言,物流既是创造收入项也是成本项,已经成为商业中不可或缺的变量。"鱼和熊掌兼得",做到既准又快且高效,是物流助推商业从跨城到同城零售进化过程中孜孜不倦追求的目标。

快、准、高效之间,哪个优先级较高?

"天下武功,唯快不破",这也是京东、盒马鲜生、顺丰、UPS(美国联合包裹运送服务公司)等商业与物流企业的经营哲学。10年前的京东,如果没有在物流上的"快",可能就没有今天的商业地位。今天的盒马鲜生、叮咚买菜主打的也是"快"——30分钟送达,当然这与生鲜品类的特征对物流的高要求有很大的关系。"快"是主动选择还是被动适应,这本身不重要,关键是消费者是否需要,企业敢不敢判断趋势、重金下注。

影响商业运营效率的变量有很多,其中一个重要变量是订单。

订单量大致取决于两个因素：一个是商品的产销匹配是否精准，即产品是否适销对路；另一个是流通问题，例如物流的履约服务。没有快速的交付履约能力，订单量就上不去。反之，订单量小，物流也没法做到快，这一点从早期的快递服务体验可以感受到。似乎，这两者之间的关系变成了"先有鸡还是先有蛋"的问题。

产销匹配越精准，物流订单量就越会持续增长，例如快递业务高速增长的背后是电商红利。当电商红利不再，商品与消费者以快递方式连接的业务量增长就会趋缓，而新的物流连接方式如即时物流、同城配送等新物流业务订单量会实现大幅攀升。对于商家而言，需要随时做好商品与消费者重新连接与匹配的准备，这是商家构建快物流服务体系的前提。对于快递企业而言，跟随商业趋势构建多元的物流连接，既是商业行为，也是实现物流效率大幅提升的先决条件。

物流效率是建立在规模经济、范围经济和管理协同效应的基础之上的。对于单个组织而言，协同是内部的协同，效率更多取决于规模经济效应与范围经济效应，尤其是规模经济效应。对于物流平台方而言，效率的来源取决于外部的协同。

初创企业，物流效率一般不高，为什么？

因为没有范围经济与协同效应，物流效率提升的唯一出路在于发挥规模经济效应。换句话说，订单量以及订单集中度是物流成本管控的核心。

应该说，物流效率是结果，不是目标。试想如果企业一开始进入市场，就考虑直接将运营效率摆在首位，而把流量、体验排在后面，那可能一开始就注定失败。当然，成功也有幸运的成分，融资烧钱、注重服务体验、打造流量入口，才会有后续通过组织、管理与运营方式的创新带来物流效率的提升。事实上，社区电商叮咚买菜还没有实现盈利，原因在于通过建前置仓提升物流服务体验的做法，最后一公里的成本短期内难以降低。如果一直无法消化最后一公里的高昂人力成本和生鲜损耗成本，企业就有可能在社区零售这个新的赛道黯然出局。例如，首创"前置仓"生鲜到家模式的每日优鲜在 2022 年被曝出因资金链紧张而面临破产解散。

在体验为王的商业时代，有的企业由于融资烧钱难以实现收支平衡，最终选择缩小战场或黯然退出。个中原因，既有烧钱没烧出流量，也有运营效率低下入不敷出。但即使这样，还是有很多资本、创业者进来试水，先把流量烧起来，获得大量的消费数据后再试图做到供需的精准匹配，回到"准、快、高效"的良性轨道上来。例如，社区零售赛道通过建前置仓，从"快"开始试水，逐渐通过消费数据积累洞察需求，做到供需匹配相对精准，希冀最终能把物流效率提升一个台阶，这也是一条次优选择路径。

商业的互联互通是物流施展抱负的大舞台

"要实现速度就要牺牲效率,要实现效率就要牺牲速度。"就好像一枚硬币的正反面,"快"与"高效"很难在同一水平层面实现和谐。无论是传统电商、互联网定制,还是社区O2O,"快"与"高效"的指标表现都不理想。要提升供应链对市场的反应速度,需要有两个前提:一是需求前置,这需要数据、算法帮助做预测或预定;二是货物前置,将货物布局在消费者周边。以上两点,可以保证物流配送速度,但并不能保证效率。

社会物流效率的提升,更多来源于外部协同。不仅是物流层面的协同,还有商业层面的协同。商业层面的协同,就是要站在商业全链路的视角,重新规划与设计商品从源头到终端的物流链路。要实现全链路的物流运营,没有商业的协作作为前提是很难做到的。也就是说,要提升整个社会化物流层面的运营效率,商业的连接重构是重要的考量。

以分布在我们身边最常见的大大小小的超市、便利店为例。以往,便利店的牙膏、牙刷、方便面、饼干等商品,往往采购自众多不同的供应商,门店与供应商的连接是多对多的关系。而这种连接关系,带来的是多频次、难有规模经济效应的采购与物流活动。试想,在这样的商业连接下,如何能将物流成本降低,优化进货量,优化配送路线,优化配送时效?好像空间都不大。如果我现在跟你说,有一个数字订货平台跟这些店面对接,大家可以在平台上订货,你需要的品类我都有,可以帮你实现一站式购买而且一键发货。你是不是感觉好了一点?物流效率的提升有时并不在于物流自身,而是取决于所服务的商业业态。

打造互联互通的商业业态、商业的大范围重构,再加上物流的商业与运营模式的创新,也许是解决物流效率问题的一个重要方向。

以上例子,还只是渠道端货源的整合。未来,随着产业的数字互联程度的提升,品牌商和门店的信息直接打通,就可以重新规划商品供应链甚至产业供应链的物流,物的流转效率将会大幅提升。

物流的跃迁开始改变商业格局

物流跃迁,从幕后走向台前

物流只是商业中的一个功能的时代已经过去了,如今,物流已经是消费体验的代名词。

物流仅是财务中成本控制的一个项目的时代已经过去了,如今,物流是企业提升业务收入、提升服务质量的重要手段。

实际上,在传统的电子商业时代,物流就已经慢慢从幕后走向台前;在新零售时代,物流在商业中的重要性则更加突出。

20世纪90年代，企业开始认识到物流在企业经营与市场服务中扮演着越来越重要的角色。一些大型制造企业开始设立物流部门，并将企业下属各个事业部的物流功能纳入集团进行统一管理，甚至将物流部门独立出来面向社会提供专业服务，如海尔的日日顺物流、美的的安得物流等。从20世纪90年代到21世纪初，物流主要为制造业服务，并以B2B、合同物流的方式存在。21世纪初，随着淘宝、京东等电子商务平台的发展壮大，B2C快递形式的物流走入寻常百姓家。

从生产制造企业（如海尔、美的）到电商平台（京东、淘宝、亚马逊、苏宁云商），无不把物流作为拓展疆土的商业利器，更不用说围绕住户方圆3公里提供到家服务的同城零售平台，如美团、饿了么、叮咚买菜、盒马鲜生等。应该说，从传统商业到电商发展初期，对大多数企业来说，物流仅仅是商业中的一个功能和活动而已，企业对研发、生产、人力、销售和营销的重视程度要远远高于物流。当下商业的现实是，物流已经被拔到了商业战略高度，如京东、淘宝、唯品会、叮咚买菜等如今都有了自己的物流体系，同时物流体验也带动电商市场占有率的提升。这要放在10年前，会被认为是不务正业——一个电商企业应重点关注电商本身，扩大商业版图，为什么自己来做物流？对商业来说，物流何以受到特别关照，从幕后走向台前，成为商业的"贴心护卫"？

物流变革启动的关键节点

我们认为，物流是否需要从幕后走向台前，有三个重要的判断依据：物流在企业战略中的重要性（节点1）；企业是否已经到了亟须改变物流模式的关键时刻（节点2）；企业是否有能力以及可通过何种方式去改变物流模式（节点3）。（见图2-7）

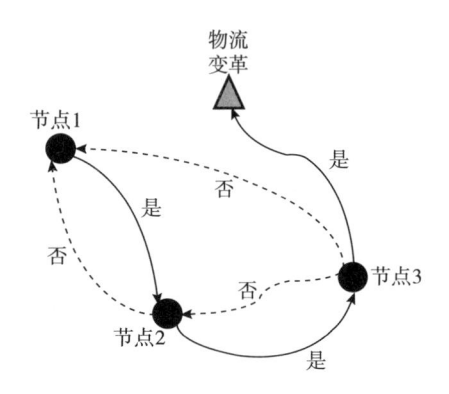

图2-7　物流变革启动的关键节点

物流在企业战略中的重要性

回顾电子商务的发展历程，大都经历了从信息流到资金流到物流的发展路径，即先后解决了信息不对称问题、商业信用问题以及物流体验问题。在商业信用方面，淘宝采取的方式是成立支付宝，解决消费者与陌生商家之间在线上交易互不信任的问题；京东则不一样，消费者与京东公司直接交易，京东本身就具备一种中心化的信用。当初步建立起了信任体系，并且规模达到一定程度时，商业不得不考虑消费者的物流体验问题。判断物流在企业战略中是否重要，有一个重要的考量，就是物流体验在多大程度上影响了商家的订单量与业务增长。传统商业时代，消费者到店消费，商家只要有库存就可以满足。但是，在电商时代，情况发生了反转，今天下单，明天是否能高质到达的重要性就凸显出来了。

企业是否已经到了亟须改变物流模式的关键时刻

如何判断什么时候进行物流变革？这要看企业经营中是否还有比物流还棘手的问题，不同的商业模式、发展阶段面临的问题也不尽相同。例如，在发展初期，更广泛的商业连接、平台和商家的合作机制问题、商家和消费者之间的交易规则问题，是平台商业模式发展的关键。平台、商家和消费者之间的关系如果不理顺，治理体系不健全，会严重影响电商平台的健康发展，消费者体验也无从谈起。初期的淘宝并没有将重心放在物流上，大致有两个原因。一是交易转到线上后，利益相关方之间的商业关系还没有理顺；二是当时的淘宝以小卖家为主，平台难以通过（统仓统配的）物流来连接数量众多的小卖家。即使当初淘宝搭建了物流体系，因价格与品项变化快速，其实也很难应变发力。换句话说，物流只有在商业关系理顺的基础上，才能发挥更大的作用。相比平台，自采自销的商业关系相对简单，例如京东，其物流的痛点更容易在早期凸显而需要解决。

2013年,阿里巴巴的菜鸟网络成立。表面上,这是迫于竞争对手在物流上的布局,但更为重要的是阿里巴巴平台的商业关系已经成形。2012年天猫商城也从淘宝中脱离出来,以发展品质电商为定位。因此,大卖家、品牌商成为阿里巴巴平台中的重要一边之时,是平台改变物流体系、优化交付体验的关键时刻。

企业是否有能力以及可通过何种方式去改变物流模式

当企业的差异化战略聚焦在物流领域的前沿创新优势时,企业是否有能力发展以及应该如何选择物流模式?

从物流在企业中的战略地位和企业对物流的管理能力两个维度看,大致有四种模式,分别为伙伴关系领导者、自营、第三方物流、寻找物流合作伙伴,如图2-8所示。物流在企业竞争战略上的定位将影响物流模式的选择,能力的发展会影响物流模式的演化。

	低	高
高	寻找物流合作伙伴(Ⅱ)	自营(Ⅰ)
低	第三方物流(Ⅲ)	伙伴关系领导者(Ⅳ)

纵轴:物流在企业战略中的作用　横轴:企业对物流的管理能力

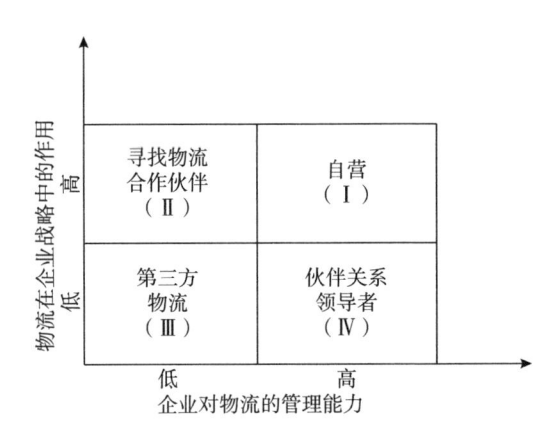

图2-8　物流模式选择

理论上，京东当时可以选择寻找物流合作伙伴，但它实际选择的是自营。

为什么京东采取常规之外的做法？按照刘强东的解释：电商发展初期，国内的物流环境并不好，在与几家物流和快递企业的合作中发现，外包给第三方物流后，用户体验较差。在难以找寻到合适的物流合作伙伴的情况下，管理层决定自建物流，利用更优质的管理能力提供给消费者更好的物流体验，所以有了后来高瓴投资3亿元支持京东建设仓配物流体系的投资传奇。

相比京东的自营模式，2013年菜鸟网络成立初期选择的是平台模式，担任伙伴关系领导者，希望通过数字连接与赋能第三方物流合作伙伴的方式来做大做强物流生态圈，这符合阿里巴巴集团当时相信开放与协同的组织基因。但随着商业竞争态势的演化，阿里巴巴集团强化物流的战略定位，菜鸟从2019年开始在已经拥有的数字能力基础上尝试自建物流能力，包括智能仓库的运营、落地配的优化、跨境的周转仓等等，希望打磨出产业互联网时代的物流全流程重构优化，引领行业变革。

通过复盘发现，不同类型的商业，其物流发展路径是不同的，但最后可能殊途同归。应该说，2009—2014年的电商行业中，京东的物流交付体验无疑是首屈一指的。但是，2015年后，天猫与京东的物流体验差距在逐渐缩小，这主要得益于菜鸟网络的物流布局，通过数字化技术如电子面单、仓储机器人、大宝仓储管理系统、菜鸟自提柜等社会化协同的方式赋能及整合仓配、快递、最后一公里等物流资源，为天猫上的商家提供仓配一体化服务，更大规模地赶上京东自建物流方式带来的先期领先的物流体验。从能力的角度来看，京东在发展初期，利用拿到的融资支撑庞大物流体系的打造，这样的决策无疑是破釜沉舟的。

说起阿里巴巴、京东，自然也回避不了当下的电商新势力——拼多多。2015 年上线的拼多多凭借微信红利在激烈的电商平台竞争中成功突围，俨然已成为仅次于阿里巴巴、京东的现象级存在。截至 2020 年底，拼多多活跃用户高达 7.884 亿，首次超过了阿里巴巴的 7.79 亿。2018 年拼多多年度活跃买家近 4.2 亿，月活跃用户 2.7 亿；全年包裹量 110 亿个，当年全国的包裹量为 550 亿个，相当于平均每 5 个包裹中就有 1 个来自拼多多，这个数据已经超过京东，仅次于阿里巴巴。关于拼多多的商业模式，创始人黄铮解读为"Costco + 迪士尼"，还有"微信社群经济红利""用户下沉的红利"等角度的解读，观点众多。拼多多能够快速引爆，撬动下沉市场，是因为赶上了一个全新商业基础设施比较完备的年代，启动之初可以凭借社群红利单点突破，无须（像淘宝启动初期那样）考虑商业信用和物流问题。要知道，信用和物流问题是互联网商业始终绕不过的坎儿，互联网商业经过 20 年的进化，已经大致解决了这两个问题。支付宝、微信支付等支付工具通过中心化的方式解决了网购的信用问题，而快递企业的快速成长以及数字化物流基础设施的建设成熟大致上解决了平台的物流交付问题。

让我们做个假设,假如拼多多出生在和阿里巴巴、京东差不多的年代,高效透明的物流体系尚未建设完成,它还能快速成长吗?或者,它能在短时间内取得今天的成就吗?有一个困局拼多多不得不面对,那就是物流体验问题。如何平衡用户的物流体验和商家的运营效率之间的矛盾?是采用京东的自建物流模式或外包给当时还很弱小的区域快递公司,还是采用阿里巴巴的平台物流模式?这些我们都不得而知。但可以确定的是,物流肯定会成为拼多多成长路上绕不过去的坎儿。

数字技术催生物流的自我革新

消费互联网的发展在带来2C物流模式变革与创新的同时,物流产业端本身也随着科技的发展不断进行自我革新与迭代升级。RFID(射频识别)、GPS(全球定位系统)、GIS(地理信息系统)、IoT(物联网)、SaaS等技术的发展,带来了物流在车辆定位、仓储管理、货物感知、物流流程的数字透明化管理、车货匹配等方面的商业与运营模式的创新。其中,以物流透明化管理服务和"互联网+运输"为代表的物流模式创新,成为近年来物流在产业端创新的焦点,而这样的创新主要还是服务于制造业物流以及电商快递的干线运输物流部分。例如,作为"互联网+运输"平台的代表企业，福佑卡车利用定位技术、大数据技术和算法模型为电商快递领域的顺丰速运、京东物流、韵达快递提供整车物流匹配服务。

过去的物流，大致有三大运营痛点：一是物流全链路信息不透明；二是货主和物流承运商之间信息不对称；三是物流运营效率低下。目前，数字物流技术的应用已基本上解决了前两个痛点。

物流全链路信息不透明指的是无法追踪到车辆的位置、货物的运输与储存状态，以及物流业务流程信息。例如，托运方委托物流承运商将货物送给客户，客户问我的货到哪儿了，货主说打电话问物流承运商，承运商说打电话问一下车队，车队说打电话问一下司机，司机说我也说不清楚我现在的位置，可能快到了吧。传统的物流流程中，物流节点、线路等物流信息不清晰、不透明是常态，货主对运输链条管控乏力。可能有人会提出疑问，消费者在网上购物早已实现了物流可视化，打开手机 App 就可以追踪到，为什么 2B 物流体系目前做不到甚至差距还不小？确实，电商物流、快递基本上已经做到了整个物流流程的可视化。反观传统货运行业的供应链环节，行业集中度不高，企业升级意识偏弱，货主企业还未拥有对承运方进行指引和影响的能力。2B 商业链路中物流价值链环节的信息不透明给数字物流平台的发展带来了机会。目前，以易流科技（2006 年成立，总部位于深圳）、G7（2010 年成立，总部位于北京）、oTMS（2013 年成立，总部位于上海）等为代表的数字物流平台，通过 SaaS 云、IoT、API（应用程序接口）、GPS 等技术，将货主、经销商、门店等商业主体间的物流价值链进行数字化连接，基本可以实现货物出入库、装车、分拨、配送、单据流转等各环节的信息透明。

物流信息不对称指的是货主（需求方）与物流（供应方）之间的信息不对称。例如，货物想找车、司机想找货，但由于缺乏信息，相互间难以匹配。随着智能手机的普及、人工智能与算法技术的发展，一些提供车货匹配的平台应运而生。2013 年以来，出现了大量以车源、货源信息撮合为主的车货匹配物流平台。这类平台受到"滴滴出行"等出行平台的启发，将人与车匹配的理念应用到物流领域，打造物流领域的"滴滴出行货车版"，如货车帮（2014 年）、运满满（2013 年成立，于 2017 年与货车帮合并为"新满帮"）、福佑卡车（2015 年）、云鸟配送（2014 年）、货拉拉（2013 年）、快狗打车（2014 年）等，通过互联网的方式来解决长途干线和城市配送中的车货不匹配问题。需要指出的是，车与货匹配由于车、货、服务流程的非标准化（货的体积、重量、环境条件等差异巨大），对信用关系的依赖（货运行业数百万司机的信任体系），以及费用结算的惯例（发票、账期、税务等）等，这类平台在生态、规律、价值主张与创造等商业模式的逻辑方面和人车匹配平台全然不同，二者对产业生态生产关系的把握和科技能力的要求也不一样。总体来看，车货匹配平台本质上是科技赋能物流，通过大数据和人工智能等先进技术来提升车货匹配的效率、提高司机行驶里程、降低空驶率。

应该说，数字物流技术的发展、物流平台的兴起，基本上让商业与物流之间做到了信息的对称与透明化。信息对称了，可以降低商业与物流间的交易成本；信息透明了，可以降低沟通成本。但要达成社会层面的物流效率跃迁并进而大幅降本增效，物流还需要进行更大的变革。例如，车货匹配平台的价值创造在于降低交易成本和车后市场服务的衍生价值方面（如为司机提供油卡、车辆维修、金融服务），很难参与物流全程和端到端的组织与优化等方面的改善。

让数字技术与物流做到更好的结合，实现社会大物流层面的效率跃迁，还需要做到两点。一是技术的迭代，从数字化技术到数字化和智能化的技术结合，通过数智化来大幅提升物流的产出水平（通过改变物流的生产函数），我们将在下一章进行描述。二是商业与物流两种角色需要通力协作与重构，相互赋能，从更高层面进行数智化物流的价值创造，我们将在第四章详细讨论。商业与物流的协作，可能会引发读者关于两者之间关系的讨论：到底是商业引领物流还是物流引领商业？我们认为，实现社会大物流层面的效率提升，大概会有七成的重担压在商业的机制与结构，即商流引领物流。三成的重担压在物流自身，技术的发展让物流具备一定的独立性，起到影响和引领订单与商业的走向的作用，即物流引领商流。当下,直播、短视频、跨境等电商新业态的大发展,主要得益于物流的敏捷通畅。

历史上,铁路、集装箱、公路等物流基础设施的大发展,极大影响了商业的进程,甚至改变了世界。一些有眼光的企业正是抓住了千载难逢的机遇将商业延伸到了物流能触及的每一个角落。在第一条连接美国东西岸的大铁路上,一位名叫理查德·西尔斯的铁路工人敏锐地意识到了铁路的发展蕴含着巨大价值,在铁路沿线散发"邮购商品目录",并借助铁路与邮政网络在全美开启了"邮购"送到家的全新商业模式。在海运史上,集装箱的发明加速了贸易的全球化。《集装箱改变世界》[①] 的作者马克·莱文森甚至认为没有集装箱就没有全球化,集装箱将各式各样的货物进行标准化打包,有效率地堆叠上船及卸货,以低成本的跨洋运输降低了国际贸易的壁垒,进而改变了国际生产分工的布局,让处在链条顶端的制造商或零售商进行全球布局,为整个价值链流程的各个环节找到最经济的地点。还有,创立于1962年的沃尔玛,借助美国高速公路的大发展机遇以出乎意料的方式将超市开在人口规模为5000~25000的小镇上。与铁路、海运不同的是,公路这种毛细血管式的连接加上汽车的普及,让沃尔玛有机会通过大规模采购、集约化运输等低成本方式做到"货畅其流、天天平价",从而

---

① 马克·莱文森,《集装箱改变世界》,机械工业出版社,2008年。

战胜了在大城市高高在上、如日中天的竞争对手。

要想富，先修路。

铁路、公路、航运、航空等物理层面的基础设施的发展，让商业实现更快、更广泛的连接；而大数据、人工智能、云计算、区块链等数智技术架构起的这条新时代的"路"，可以帮助商业实现更智能、更高效的连接。物流＋数智化，是商业向高级形态演化的"高效连接器"。

从未来看现在，物流的发展史就是一部商业和物流彼此驱动、融合发展的物流升级史。从传统商业到数智商业、从电商到新零售、从跨城零售到同城零售、从消费互联网到产业互联网、从传统物流到数智物流，商业融合发展创新大趋势下的物流注定会迎来新的发展机遇。

新商业、新科技正在驱动新物流；与此同时，物流的自我革新也在驱动新商业。

数智商业时代，新物流还在路上。

第三章

新物流：数智时代的物流

要点

商业物流全链路的变革,需要借助数智化的力量。对于物流来说,数智化不是锦上添花,而是雪中送炭。需要将数智化渗透到物流的血液里,为物流带来多维度的价值贡献。为此,需要将传统的物流要素释放出来并进行数智化升级,从而形成一个公用、可见、可量化、可实时调度的物流要素池,这也是新时代物流的新基建。

问题与思考

1. 数智化将如何改变物流行业?数智化带来什么新的价值?从哪里启动?

2. 数字化的目的是实现商业模式的创新还是运营创新?数字化、智能化改造中,技术、人才、资金面临的挑战是什么?如何克服?

3. 你希望打造一个什么样的数智物流新基建,打法与路径是什么?需要聚焦在哪些物流要素的升级与重构?

数智时代的物流图景

数智化为物流注入新的发展动能

面对商业加速迭代、行业绿色转型与智慧化升级等机遇与挑战，物流业的发展急需动能转换。阿里巴巴2021年投资者日，菜鸟CEO万霖明确了菜鸟坚定做产业互联网公司的战略方向，既保持互联网数字化优势，又不断夯实物流实业。[①] 近年来，菜鸟已经从消费互联网时代的连接平台逐步转向产业互联网时代的产业服务平台，通过自建产地仓、仓配中心、海外仓等方式，打造更有深度的物流能力。

相比欧美发达国家，中国物流的总体发展与运营效率提升的

[①] 《阿里投资者日菜鸟CEO万霖谈物流能力进展 日均处理跨境包裹超500万件》，证券时报，https://baijiahao.baidu.com/s?id=1719355272489506473&wfr=spider&for=pc，2021-12-17。

空间还很大，特别是2B物流。2C物流层面，中国建立起了全世界最强大、最先进的快递物流体系。2020年，全国共产生了830亿个包裹[①]（同期美国的包裹数量是200亿个），平均每天产生2.27亿个包裹，平均送达时间是24小时。2020年，天猫在"双11"创造了将1亿个包裹的平均签收时间缩短至1.4天的新纪录，签收时间普遍比2019年快一天。反观2013年的签收时间长达9天。单量大，效率反而越高、速度越快的神奇曲线背后有一股力量在支撑。

这是一股什么样的力量？

答案是数智化。

当数智化与传统物流相撞击时，会产生什么样的化学反应？

10余年间，作为物流的一个重要形态，伴随电商的红利，国内快递业在大步迈向数字化、智能化。仓库的智能供应链预测、机器人作业，转运中心的自动化流水线、智能分单，最后一公里的智能语音助手、刷脸扫码秒级取件，跨境包裹的智能合单、秒级通关，数智化已经贯穿物流全链路，成为不断创纪录的核心引擎。快递、即时配送等物流领域与居民消费直接相关，而诸如货代、合同物流（三方物流）、整车及零担物流及其他面向B端的物流应用场景更加丰富，整体规模更大，占比达90%。相比消费端

[①] 《2020年业务量达830亿件，2021年预计达955亿件：快递跑出经济活力》，《人民日报》，2021-01-08。

物流，国内2B物流发展较为滞后，标准不统一、行业集中度和数字化程度较低。当下，商业的红利正逐渐从消费互联网向产业互联网过渡，2B物流迎来了最好的发展时机。可以预见的是，数智化与产业端的物流撞击会擦出更大的火花。

数智化的动能体现在哪里？

麦肯锡全球研究院2018年的报告显示：数字化/数智化对物流产业的贡献率是33%，主要体现在数据驱动的信息/分析服务、物流控制塔、众包、数字增强型跨境平台、自动行驶货车和无人机、共享基础设施等方面。[1] 物流硬件的创新、数据的价值驱动、数字商业与运营模式的创新，是数智化转型的核心动能体现。

作为一种新型的物流业态，"新物流"最早是阿里巴巴为配合新零售战略而提出的。所谓"新零售"，按照业内的解释，就是"线上+线下+新物流"，即线上和线下融合的商业再加上新物流。那么，这个新的物流业态是什么，目前还尚未形成一个明确和统一的定义。实际上，物流并无新旧之分，只是商业的变革对物流提出了动态性适应的要求。目前，业界提出的"新物流""无界物流"不是某一特定阶段的发展形态，也不仅仅是面向消费端的物流，而是面向全产业链和全渠道、类型层次丰富、物流场景多元、动态发展变化的物流网络组织形态。

---

[1] 成荣，《数智化重构物流基础设施》，《中国物流与采购》，2019年第24期。

我们认为,"新物流"是一种在物联网、大数据与人工智能等数字化技术和物流组织协同机制的作用下,重塑物流产业价值链,对商业物流运营所需要的各种存量和增量物流要素进行集约化共享、大规模协作和实时化调度的数智化物流网络组织形态。这种新的物流组织形态,能够通过某种协议实现对物理世界的各物流要素进行数智化调度、封装与分装,从而以高效、灵活、柔性的方式满足多元场景的需求,以韧性的方式应对外部环境的不确定性。

例如,来自多个场景的需求和订单数据,同步传输给仓、运、配、装卸与搬运等不同物流操作环节,各个操作环节在算法的作用下协同作业,完成整个物流过程。为了加快递送速度,决策支持系统会推荐货从哪些节点(如工厂、仓库或门店等)出发、在哪个节点进行聚合和模块化封装、在哪个节点进行单元化分装、全链路中需要实时调用何种类型的车。全链路物流作业协同,仓库机器人进行包裹的自动拣选、打包,卡车恰如其分出现在仓的出货位整装待发,各种标准物流作业单元如托盘、周转箱等物流容器可以实现无缝衔接和高效循环。当遇到突发状况造成物流链路的某个节点中断时,系统会自动重新匹配物流要素的连接与协同方式。

新物流的"新",不仅是我们平时看到的无人机、无人仓、无人车等物流硬件的创新,还有软硬件、流程、业务的系统创新。新物流的本质是在数字技术创新、商业与运营模式创新的驱动下,物流通过要素升级，以及价值链的解构与协同流程重构，实现物流连接的数智化升级。新物流的形成，离不开物流要素的数智化、物流业务及流程的数据化和物流数据的业务化。其中，物流要素的数智化是生产要素的升级；物流业务及流程的数据化是物流要素、节点、流程等信息流实现数字化采集、传输与存储，是物流决策与运营效率的升级；物流数据的业务化是物流业务的价值升级。本质上，物流数据的业务化是利用智能算法工具发挥数据的价值来反哺业务。一方面，是看清楚原来物流价值链流程里不顺畅、物流要素与资源配置不合理的状况并进行改进，提升物流业务运营的效率；另一方面，是要驱动物流业务决策，实现新的业务增长。

需要指出的是，物流要通过数智化升级提升自身价值，前提是在和商业融合发展的过程中帮助商业创造新价值。举例来讲，物流要通过新的运作方式帮助商业提升全链路的柔性化交付，以匹配多元与个性需求。为此，一是要求新物流做到灵活调整货物的布局以及货与运、仓、配的连接，这帮助客户（如品牌商）实现业务增长。二是新物流需要帮助客户提升物流韧性，以应对外部环境的冲击，助力复工复产和保障民生。例如，通过使用多种交通工具、灵活的货物调仓、数智化调动未被发现的冗余在某个角落的物流要素等策略与方式，应对不确定性。这关系到客户的生存问题。三是新物流能够帮助商业实现供应链、产业链甚至社会层面的资源重新配置，降低企业物流外部化的运作成本。这关系到客户的运营成本控制。要达成新的目标，物流需要进行多维度的价值拓展。

新物流的特征

相比传统物流的资产与要素不联网、运营不协同，新物流在要素与基础设施、运营方式、价值创造机制、组织形态等方面有着不同的特征。

物流要素的数智化

传统物流要素通过物联网化，可被有效识别、采集、存储和感知，通过数智化赋能提升生产力水平，通过数字化连接发挥要素资源共享价值，是物流新基建的重要组成部分。

物流要素的开放性与可调用性

开放性，指的是未来所有的物流要素都需要开放出去，经过数字平台的连接充分释放其使用价值。可调用性，指的是原先处于游离状态的仓库、司机、车辆等物流要素，可以通过算法被智能调度，从而服务于多元化的商业与消费场景。

物流运营的协同化

效率的提升不在于单点创新，而是取决于全局的系统创新，系统整合效率需要依赖组织内和组织间的协同来实现。物流的协同化运营，就是要通过技术、算法让不同的物流要素之间能更好地协作完成某个物流项目或任务。例如，菜鸟的电子面单一单到底，基于消费者地址、包裹的地理位置、递送的车及人员的数字化相连，利用算法促进关键运力之间的协作，然后对大数据进行分析，找出流程的低效低质之处，聚焦改善优化。

物流价值创造机制的拓展

数字化改变了物流的价值创造机制，将过去的价值链分工创造价值拓展为价值网协同创造价值。这个价值网络的表现形式，不再是过去的单一业务价值，而是拓展到了业务、交互、数据等多维价值；不再是过去线性供应链机制下的物流价值链连接，而是数字供应网络机制下的物流价值链解构与网络连接重构。随着物流网络密度的提升，物流功能间的交易与摩擦成本逐步降低。

物流组织形态的动态适应性

要实现物流要素可调用、可协同，对物流组织形态的开放性、动态适应性提出了要求。数字化打破了物流组织边界，从过去的封闭式到开放式，从刚性到柔性，从中心化到中心化与去中心化并存，这是一种新型的、环境适应性较强的物流组织形态。系统思考大师德内拉·梅多斯认为，一个有适应性的系统是经常变化的，但是人们常为了稳定性等目的而牺牲系统的适应力。[1] 传统的

---

[1] 德内拉·梅多斯,《系统之美——决策者的系统思考》, 浙江人民出版社, 2012年。

物流组织形态是封闭式和中心化的，而新的物流组织形态可能是中心化与去中心化并存的，既实现稳定性又具有较强的灵活性和适应性。这种适应性，主要表现为物流体系对个性化、多元化需求的响应能力，以及对供需变动等突发风险的应对能力。例如，对于一个物流系统来说，能够在不失效率的情况下同时支撑 C 端、B 端及全渠道业务的需求，是灵活性的体现。又如，在突发风险事件导致物流暂时中断时（如新冠肺炎疫情导致部分道路中断、仓库关闭、员工隔离），企业是否能够凭借其数智化连接的能力协同好外部资源、调整物流方案，并快速恢复运营，是衡量物流能否通过数智化协同增强适应性的重要标准。

新物流的价值：多维度的价值拓展

新物流背后一定有新的价值体现。

今天，我们都在谈物流的破局与创新，其本质是通过机制、组织和技术等一系列层面的创新来提升物流的多维度价值。

埃森哲公司认为，在数字化浪潮下，企业的价值从原先传统的业务价值拓展为交互价值、业务价值和数据价值。三个维度的价值驱动力是不一样的。交互层面的价值是技术驱动的，业务层面的价值是管理驱动的，而数据层面的价值是决策驱动的。（见图 3-1）

交互价值是形成数据价值的前提，没有数字化交互就没有数据的产生和留存可言；交互、数据层面的价值，最终会赋能业务

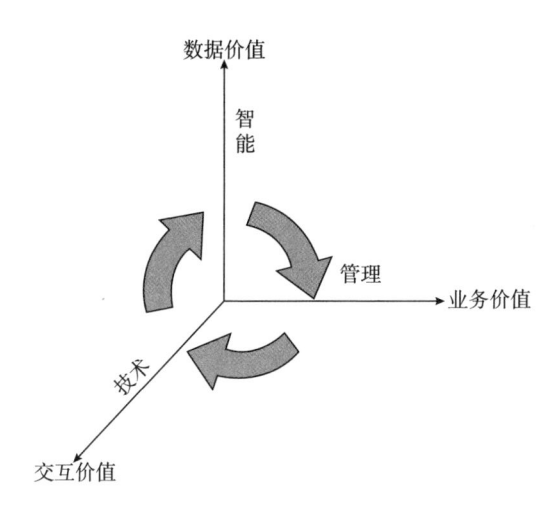

图 3-1 数智时代企业的价值拓展

层面的价值。任何一家企业的物流资源和资产都是有限的,但是通过数字化网络的社会协作形成的规模远远大于单个企业的资产规模。在交互层面,原先分布在不同组织的物流资源与要素可以实现产业与社会层面的共享,在数据智能的算法推荐下,这些物流要素可以根据各种物流场景实现智能化、精准化的按需分配。

关于交互价值,我们感受最深的就是各种 App。互联网时代,作为数字化交互的载体,淘宝、微信等 App 带来了人与物、人与人之间的海量交互。近十余年,每一次技术进步都会推动社会交互的扩展和深入。从 PC 互联网、移动互联网到现在的 SaaS 技术、人工智能与物联网,数字化交互从人与人、人与物的交互逐步走向了企业与企业、物与物的交互。企业与企业之间的互动价值,是基于生产关系（商业关系）层面，其多寡决定了商业模式的创新空间。例如，以往的供应链运营效率难以大幅度提升，重要原因就是企业与企业之间乃至企业内部各部门之间的信息交互不足，导致企业从研发到订单、采购、生产运营、物流上的信息割裂和块状化运营。在交互不足的情况下，企业往往只能局限于自身业务，无法站在供应链或供应网络的视角去思考与谋略。物与物之间的互动是基于生产力和生产要素的层面，如自动化设备、数字化车间、智能化工厂让物与物、设备与设备之间无缝连接与沟通。例如，京东、海尔、菜鸟的大型物流配送中心通过引入自动化流水线、智能导航车、智能分拣等设备，基本上达到了全自动化、智能化运营，无须人工干预。

业务价值是传统经济价值链下企业通过生产制造产品、交付服务所产生的社会价值。物流企业往往通过横向的业务价值链整合（例如运、仓、配等）和纵向的上下游拓展来扩展自己的价值创造能力。但是，在过去，由于生产关系（商业关系）和生产力（数字技术）方面的原因，物流企业能够连接的客户资源、同业资源是非常有限的。换句话说，传统经济下物流连接商业的广度和深度与今天不可同日而语，其业务价值是受到很大限制的。连接不足的背后，则是企业间交互的不足。

数据价值是商业主体间的交易与互动产生了大量的数据，这些数据在数智技术的作用下将会大大提升管理者的决策水平。随着云计算、物联网、大数据、5G通信等技术的成熟,数据的传输、存储、处理能力有了大幅提升。物流的决策越来越智慧化,物流的运营越来越智能化,管理与决策的智慧化、运营的智能化是提升数据价值的关键驱动力。

综上,要发挥物流的业务、交互与数据等多维度价值,离不开数智化的赋能。数智化,是物流进行多维度价值创造的抓手,也是实现供应链可视化、可量化和可优化的关键。

物流企业的数智化转型升级

数智世界,是我们需要共同面对的新世界。未来,物流企业将首先进行关键要素的升级,然后进行以业务流程与模式为代表的生产力与生产关系的升级。

物流要素的数智化

传统的物流要素主要包括流体、载体、流向、流量等。流体指的是物本身,包括原材料、零配件、半成品和产成品。载体,包括物流设施和物流设备。物流设施包括机场、码头、航道、物流园区、配送中心、仓库和场站、末端、自提柜等;物流设备是以物流设施为基础承载"物"的设备,包括车辆、船舶、飞机等交通工具,集装器具与装卸搬运设备等。流向,指的是流体从起点到终点的流动方向。流量，指的是货在流向上通过载体进行时空位移的数量表现。物流运营效率取决于物流要素本身以及物流要素的组合与生产方式。物流要素越先进，物流要素的组合越科学，物流的产出就越高。目前，在电商物流与快递行业，物流配送中心、快递分拨中心通过提升物流设施与设备的机械化、数字化、智能化程度，大大提升了快递全链路的履约效率。

需要指出的是，物流中单个节点与环节的效率提升，只是物流的局部创新；社会大物流系统运营效率的提升，需要系统层面的创新，将物、物的流向与流量进行有效衔接与匹配。

物、流向和流量之间的关系，本质上是产销匹配关系。如果对需求把握不准或市场需求预测出现了大的偏差，这个偏差会在信息传导机制的"牛鞭效应"[①]下被放大，货与流向、流量之间就会出现严重的错配。这种错配不但会造成运输、库存等物流功能的浪费，而且会削弱先进的物流设施和设备在物流运作环节产生的价值。

工业经济时代，企业的生产与订货决策主要是基于历史数据预测或经验。但凡预测，都是不够准确的，再加上信息在供应链中传递失真，产销难以衔接好，产销不匹配是物流效率难以提升

[①] 牛鞭效应（bullwhip effect）是指供应链下游消费者的需求轻微变动导致上游的生产与经营安排剧烈波动的效应。

的重要原因。例如,长期以来,生鲜蔬菜的产销之间就存在严重的信息不匹配、运营不协调的矛盾。前文的例子中,宋小菜在产销匹配的基础上,实现了"集单+集采+集配"的运营方式,将蔬菜商品集约化供给到需求明确的客户,做到了物(商品)与流向、流量之间的有效匹配,这也提升了物流数智化运营的价值。

数字技术与信息技术已经大幅地带动物流行业升级,物流场景的技术应用可以分为物流数字与信息技术及物流运营管理系统,表3-1是目前影响较大的数字技术与运营系统综览。

表3-1 物流数字技术与运营系统一览表

物流数字技术与系统		描述	在物流中的应用
物流数字与信息技术	AI	人工智能,是用于模拟、延伸和扩展人的智能的技术	车货匹配;智能驾驶;无人机配送;智能装卸与搬运;智能园区管理;智能分单、分仓与调度等
	block chain	区块链,是不可篡改的分布式数据存储、点对点传输、共识机制、加密算法等多种计算机技术的集成应用	可视化、信任化连接物流链条中的多方参与者;商品溯源与物流追踪;物流资产的数字化确权等
	cloud computing	云计算,是分布式计算的一种,通过网络"云"将巨大的数据计算处理程序分解成无数个小程序,然后通过多部服务器组成的系统处理和分析这些小程序得到结果,并返回给本地计算机	运输车辆和货物的可视化管理;动态跟踪;资源优化;供需匹配;优化调度和智能决策管理等

续表

物流数字技术与系统		描述	在物流中的应用
物流数字与信息技术	big data	大数据,从海量数据中挖掘出有价值的信息	物流需求预测;仓库选址;库存控制;物流线路调整与优化;供应链协同优化等
	IoT	物联网,通过各种传感器、全球定位系统、射频识别技术等装置与技术实时采集信息并联网实现物与物的对话	物流要素的数字化;物流要素信息共享平台;物流流程的可视化等
	5G	第五代移动通信技术,是具有高速率、低时延、广连接等特征的新一代宽带移动通信技术	物流工业级视觉系统;无人驾驶与智能交通;加速AI技术与物流装备的融合,提升装备的智能化水平以及机器人集群调度与协同控制等
	RFID	无线射频识别技术,是一种非接触式的自动识别技术,通过射频信号自动识别目标对象并获取相关数据,信息采集效率高	物品、货车的信息采集、识别、跟踪与管理,提升商品入库出库的管理效率;仓储配送管理等
	GPS	全球卫星定位系统,利用空中卫星对地面目标进行精确导航与定位,以达到全天候、高准确度地跟踪地面目标移动轨迹的目的	车辆等移动终端的跟踪定位;物流路线与车辆安排的优化;报警救援等
	LBS	基于地理位置的服务,通过移动通信的基站信号差异来计算移动终端的位置	手机、车辆等终端的跟踪定位;利用RFID、移动定位技术实现货物的进出库管理、跟踪定位

续表

物流数字技术与系统		描述	在物流中的应用
物流数字与信息技术	GIS	地理信息系统，以地理空间数据库为基础，综合处理和分析地理空间数据的一种技术系统	配送中心的选址优化；配送路径的优化；商家地理位置的精准定位；车辆跟踪、导航与信息查询等
物流运营管理系统	MRP	物料需求计划，按时间段确定物料的相关需求，围绕非独立需求的物料，按需准时生产	计算所需物料的需求量和需求时间
	ERP	企业资源计划，是从MRP发展而来的新一代集成化管理信息系统，其核心思想是供应链管理	将生产与采购管理、分销与物流管理、财务管理的流程集成化
	EOS	电子订货系统，指企业间利用通信网络和终端设备以在线连接方式进行订货作业和订货信息交换的系统	物流管理信息系统中关于订货作业的一部分
	EDI	电子数据交换，按照协议的标准结构格式，将数据信息通过网络传输，在贸易伙伴的计算机系统之间进行交换和自动处理	物流公司之间、物流公司与客户间关于托运单报文、物流作业信息的交换
	WMS	仓储管理系统，对出入库业务、仓库调拨、库存调拨等功能进行综合利用的管理系统	商品出入库管理；拣货作业管理；仓库空间优化；库存优化等
	DMS	配送管理系统，向各配送点提供配送信息，根据订货查询库存及配送能力，发出配送指令，发出结算指令及发货通知，汇总及反馈配送信息	订单处理；拣选货物优化；打包优化；配送路线优化层

第三章 新物流：数智时代的物流

续表

物流数字技术与系统		描述	在物流中的应用
物流运营管理系统	PLS	生产物流系统,对整个生产物料供应及补给体系进行全程管控,做到按需生产、精益生产	通常与 ERP、WMS 结合,实现从物料到工厂生产一线的智能化调度与管理
	SaaS	软件即服务,是位于云计算和最终客户之间的应用层。通过互联网提供软件的模式将应用软件统一部署在自己的服务器上,客户可以根据自己的实际需求定制服务,按需付费	将货主、承运商、港口、海关、司机、收货方等各方进行可视化连接,在系统上有助于优化、协作

物流数字技术的广泛应用,是实现物流数智化运营的基础,带来了物流在车辆定位、仓储管理、货物感知、物流流程的透明化管理、车货匹配等方面的商业模式与运营管理创新。

万物互联的时代,在物联网和人工智能等技术的加持下,传统的物流要素可以通过加装一些智能化的芯片设备,做到可视、可感知和可协同。物联网技术是连接工具,可以将工厂、仓储、干线、末端、车辆、货物、门店和司机等物流要素连接起来,整个物流运作过程都可以被实时监控。

例如,在车辆上安装 GPS、摄像头、行车记录仪、温度探测器、OBD 检测设备(一种检测车辆故障的设备),后台可对车辆的行驶状态(行驶轨迹、车与车之间的距离、车与周围环境的关系、车厢的温度等)、司机的状态(是否处于疲劳状态、打瞌睡等)、车辆的故障情况等进行远程监控与诊断。物联网科技公司 G7 通过构建以物联网技术为基础的 SaaS 平台,连接 158 万多辆卡车、1.2 万多个油气站点、上百个物流园区,在此基础上提供网络货运、安全管家和数字货仓等三大核心数据服务。2020 年疫情期间,G7 通过对覆盖超百万台货运车辆及 490 个大型公共物流园区的物联网大数据进行动态分析,每日对外发布物流行业复工情况,在帮助车队实时监控车辆运营情况的同时,亦能为政府提供实时数据作为决策参考,体现出物流新基建(数字化物流基础设施)的重要性。

就货而言,通过加装 RFID 传感器、蓝牙跟踪器可追踪实时库存以及商品出入库的全过程。VR(虚拟现实)、AR(增强现实)的应用,可以实现可视化的货物分拣。当货、仓等要素数字化后,仓与仓之间就可以实现信息共享与互动,当订单来了,可以实时计算出货从哪一个仓出来是比较优化的,这实际上就是现在业内比较火热的"云仓"概念。几年来,移动电商快速发展,线上交易规模不断扩大,这给仓储订单的处理能力带来了巨大挑战。

在此背景下,基于大数据、云计算等现代信息技术的"云仓"概念应运而生。2013 年开始,云仓从概念得到了实质性的落地,传统仓储行业的壁垒被打破,"仓"被赋予了共享、共建、赋能、智能分仓与补货等理念与技术。当下,无论是电商巨头、快递巨头还是新兴的科技型物流企业都在布局云仓，如菜鸟、京东、日日顺、中通、顺丰、发网等。例如，京东看到了"仓"的履约能力的重要性，于 2017 年底与合作伙伴协同共建云仓体系，目标是搭建云物流基础设施平台。京东的赋能思路在于技术输出（物流软硬件系统），如将物流中控平台、WMS、TMS（运输管理系统）、计费结算系统开放给合作伙伴。在合作方式上，包括第三方物流和品牌商在内的伙伴方提供库房、人员、仓内设备等资源，京东提供仓内物流技术与系统、管理标准。

数字技术也带来物流运营管理系统的升级，例如仓库的运营，可以借助数智工具帮助决策、优化运营效率。顺丰供应链公司推出的 SaaS 产品——仓易顺，在仓库运营环节可帮助商家客户解决库存计划的痛点，如库存成本过高（如货物的仓储效率低、库存缺货/库龄/冗余过多等问题）、库存问题导致销售机会的失去（如临期没及时调拨到卖场）、新品发布运营没做好准备，然后实现仓储服务的可视化管理以及仓效货效的优化。仓易顺通过在品牌商系统中植入各种功能模块，如在线仓位建图、数据连接器［商家端 WMS、SAP（自助分析平台）系统数据自动接入］、仓库优化模块（多种仓库优化方式）、可视化和库存优化（仓库情况视觉呈现、商品库存优化模块），帮助商家提高仓位利用率、优化商品的柜位安排、调整快慢流的货物分布、解决滞留货物分布，还可以提供实时工位补货预警等价值。对于品牌商或仓库运营方来说，借助数智决策工具既可提升单仓运营效率,也可以进一步提升全链路仓库布局的协同效率。未来物流生态的发展,还需要数智化决策工具帮助连接端到端(商家到消费者),向商业源头——消费者的数字洞察延伸,让库存的规划在入库前就可以得到优化,从而更好地匹配仓内运营的人、货、场。

此外,卡车、仓与货车之间也可以通过数字化进行连接。特别是随着无人车、无人机等自带感知和智能功能的全新物流要素的大规模应用,车与货、车与仓、仓与配之间无须中心化的干预就可以实现智能化的连接与互动。在全面感知的数智世界里,物流流程各项要素如车、仓、转运中心、物流园区、加油站、配送站、司机、快递员、末端自提柜等,在需要时可以实现数字化连接,打通从发货方到收货方之间的信息壁垒。菜鸟的电子面单就在做这样的事情,通过"SaaS + 数据平台"将物理世界的数字化触点通过软件云的方式呈现出来,物流链上的各个参与者,包括发货方、物流公司、快递公司、收货方,都能实时查看包裹的状态,这不仅是最终用户的需求,也是价值链上各参与方对物流管理的需求。

实际上,物流领域早已通过诸如 ERP、WMS、DMS 等软件实现内部运作流程的信息化,但传统物流软件的缺点在于:(1)需要下载安装,独立安装服务器,采购价格和维护成本比较高,软件价格通常为几十万元甚至几百万上千万元,还不包括维护成本;

(2) 实施周期长，从谈判到签约、安装、上线、培训需要很长时间，严重滞后于物流项目的启动运转；(3) 属于墙内系统，缺乏开放性，信息的流动局限在企业内部；(4) 仅仅实现了流程的信息化，物流要素本身没有数字化，货、车、托盘、货架、仓等物流信息通常靠人工方式输入系统中，作业效率不高。

随着物联网技术在物流场景中的渗透，各种物流要素通过安装条码、芯片都可以被数字化感知而做到信息的自动化采集。在这些被采集的信息在线化甚至云化后，货的全程流动数据可被完整地跟踪、记录和存储。如果忽略数字技术应用的成本，几乎所有物流要素都可以数字化、联网与共享，随时接受调用。同时，物流要素数字化后就可以实现在线化存储，从而形成一个物流要素的供给池，平台管理方可以知晓这些物流要素的状态。例如，司机与车辆的位置信息、空闲还是忙碌，仓的状态信息（如地理坐标、流通加工处理能力等），仓与货、客户的关联信息（例如，哪些仓库拥有同样的货品、仓库与客户的距离等），车辆/快递员/司机与仓、货、客户的关系信息，等等。只有能够以低成本方式从外部获取车辆、司机、仓库等物流资源，客户才有自愿连接进来接受平台化服务的动力。同样，只有平台管理方能够通过对各物流要素进行串联和大规模网络协同来满足多元的商业与消费需求，物流要素与资源的配置效率才能实现在产业与社会层面的提升。

生产力与生产关系的转型升级

我们可以将"转型升级"拆分为"转型"和"升级"。转型，包括两层意思。一是产业运行体制转型，形成能够促使资源高效配置的产业组织形态，这是生产关系层面的转型。二是发展方式转型，从粗放式发展转变为科学化、集约化发展，这是生产力和生产要素层面的转型。升级，指的是被赋予新的生产关系、生产力和生产要素后，产业的生产函数改变了。那么，转型升级的本质是要改变什么？

物流企业转型升级的本质是通过数智化改变物流业的生产函数。

借鉴经济学中生产函数的概念，物流业的生产函数指的是生产中所使用的各种物流要素投入与产出之间的关系。产出的大小取决于投入的物流生产要素的水平（例如，劳动力、土地、零散的运力等属于低端生产要素，新能源车、无人车、自动化物流装备、物流大数据、高技术劳动力属于高端生产要素）、技术水平（包括互联网技术、物联网技术、运筹与算法优化技术等）。同时，产出还取决于产业的协作与管理水平，这关系到对物流要素重新配置后生产函数的改变。

假设，物流业的生产函数为 $Z=f(x_1)$。其中，Z 是产出或效益，x_1 为低端物流要素，f 为生产函数关系。数智商业下，新物流

的生产函数为 $Z = g(x_2)$，其中 x_2 为高端物流要素，g 为技术水平提升及组织管理提升所带来的新生产函数关系。新的生产函数改变了物流要素和资源的配置方式，让物流要素之间能够产生更大的化学反应。原来的产出是线性函数（例如，$Z = 2x_1$），现在可能是 $Z = 2x_2^2$，甚至是更高阶的非线性函数。数智化，一方面升级了物流要素的水平，另一方面升级了物流要素的配置方式，物流产出最终会通过业务增长与运营效率提升体现出来。物流业务增长背后，是时效性、安全性等服务品质的提升，进而影响市场份额与定价能力。物流运营效率的背后是管理能力的提升，运营效率最终会通过物流资源的集约化利用程度体现出来。

数智化浪潮下，企业的数字化转型已经不是一道选择题，而是一道攸关生死的必答题。

案例：圆通的数字化转型举措与效果

快递行业中，圆通速递是一家较早实施数字化、移动化和自动化转型的企业。圆通速递的数字化转型于 2019 年启动，2021 年已升级为公司的"一把手"工程，其要义在于：通过数字化提升服务品质，打造客户分层与产品分级，目标是实现业务增长和运营效率的提升。

以数字化升级服务品质，圆通的做法是：（1）加大自动化设备投入，优化设备效能，提升分拨中心的中转效率与分拣精度，降低差错率；（2）通过信息化管理工具做收、转、运、派全链路管控，发现问题及时处理，改结果管控为过程管控。圆通的信息化和移动化管理工具包括为管理者定制的"管理驾驶舱"App、为客户定制的"客户管家"App、为网点定制的"网点管家"App、为快递员定制的"行者"App。

通过移动化管理工具，打造全链路的过程管控方式，其核心在于：通过数字化解构物流全链路，做到快递全流程的数字化、透明化，实时收集各运作节点的数据，对问题进行前置处理与决策。例如，只要快件偏离既定时效及路由或者漏派、漏签，系统就会自动预警，并第一时间通知相应人员及时处理。过程管控还可以帮忙做数据分析，从而赋能业务决策。例如：圆通借助业务数据分析发现，某些区域的重货、体积大重量轻的货，边际利润贡献小，还占用大量的资源，于是就把这些业务砍掉；相反，某些区域的细分业务边际利润贡献大且增长快，可以加大资源投入。

对圆通而言，数字化转型的效果可谓立竿见影。2020年度圆通财报的亮点是"三升一降"：营收、利润和业务量实现增长，单票成本下降。2020年业务量为126.48亿件，同比增长38.76%；单票成本为2.13元，同比下降18.12%。其中，单票运输成本为0.51元，同比降幅达26.29%；单票中心操作成本为0.31元，同比降幅达 13.41%。① 可以发现，数字化转型帮助圆通实现了业务增长和运营效率的提升。业务增长主要来源于数字化带来的服务品质的提升，运营效率的提升来源于数字化管控工具带来的车均票量和人均效能的提升。2020 年，圆通车均票量同比提升超 28%，人均效能同比提升超 36%。

圆通的例子，给了我们一个启示：数字化赋能使物流业实现生产力水平的提升和生产要素的升级，从而改变物流的供需匹配关系和效能。然而，物流业升级还可以在更高层面进行数智化赋能。

物流业转型升级的核心要义在于：要寻求一种关键变量，这种变量能够促使生产关系、生产力、生产要素协同升级，即通过打造物流业先进的生产力、新的生产要素以及相适应的生产关系，促使物流业向更高级的组织形态进行演化升级。

这个关键变量是什么？

在这个时代，我们认为是数字化技术。

为什么？

数字化技术代表了物流业的新生产关系、新生产力和新生产要素，这是物流从业务价值向多维度价值创造方式转变的底层逻

---

① 数据来源于圆通 2020 年财报。

辑。(见图 3-2)

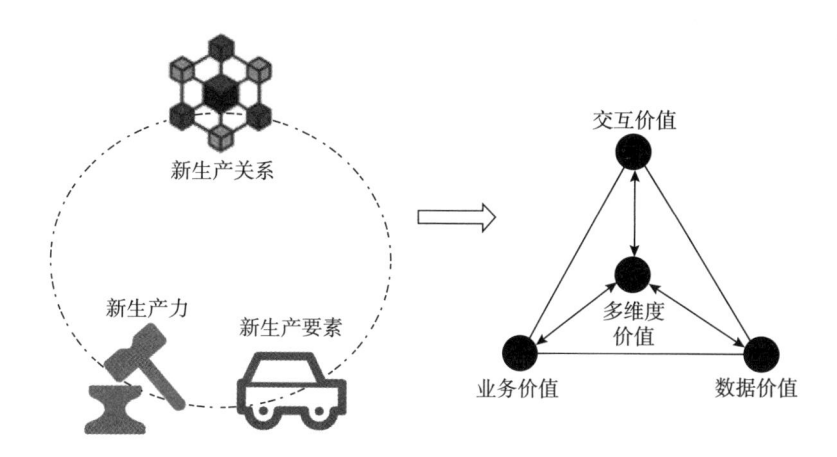

图 3-2　数字化技术打造物流企业的多维度价值

首先，数字化技术代表一种新的生产关系。互联网技术、App 应用技术将托运方与物流承运方进行供需连接，解决供需之间的信息不对称问题。SaaS 技术可以将物流中的运营主体、各种物流要素进行数字化连接，解决信息不透明的问题。数智分拣技术可以提升物流分拣作业的效率，减少差错率，提高人效。区块链技术可以构建各物流区块之间的信任关系，让不同的运作主体实现更好的合作。新的连接与信任关系有助于形成开放、融合、协同的物流产业组织形态，即我们通常说的物流产业互联网。近年来，各细分领域的数字物流平台大量涌现，如运力平台、货运管理和调度服务平台、供应链协同平台等，这种新型的物流产业结构代表了一种新的平台化、网络化、协同化的产业组织模式创新，其价值贡献主要在于交互价值和业务价值。

其次,数字化技术代表的是一种先进的生产力。人工智能、物联网、大数据等技术让物流要素可视化、可量化和可优化调度,改变了物流要素与资源配置的空间和范围,其价值贡献主要在于业务与运营价值的提升。

再次,数字化技术代表的是一种新的生产要素。物流业中存在大量的数据,对整个物流链条中物流要素、物流运营相关数据进行加工和分析利用,可实现数据赋能。例如,对特定区域的物流资源状况进行热力图数据分析,进而对运力、仓储、配送等生产要素与资源进行统筹安排。数据价值是智能驱动的,其更多的贡献在于提升运营与管理价值,例如圆通就是利用数据赋能实现了运营与管理价值的大幅提升。近几年的"双11",曾经的快递爆仓现象已经不见了,其背后是数据赋能运营。例如,作为菜鸟与快递合作伙伴的数据交互和共享平台,菜鸟天地平台通过大数据分析,预估"双11"的包裹数量以及所需资源,让各大快递网点提前做好场地、人员和运力的合理安排与准备。

数字技术、数智管理方式的创新与应用,形成了新的生产关系、生产力和生产要素,重塑了整个社会经济的关联与结构,进而促进物流产业结构形态、资源配置、发展方式的变革,以及整个社会物流基础设施效能的新一轮变革。物流产业结构形态的变革,是改变物流业发展方式和物流资源重新配置的前提。开放、

融合的产业组织形态,可以让物流要素在整个产业层面进行共享,促进物流的集约化发展。(见表3-2)

表3-2 数字技术与物流产业变革

	描述	产业组织变革	变革目标	变革手段	
				数字化技术	产业管理
产业结构形态	物流产业内部主体、要素之间的关系	物流产业内部、之间开放、融合创新的产业组织形态	平台化、网络化、协同的产业组织模式,延伸物流产业链	SaaS、区块链技术等	数智化协同多运营主体,帮助管理整个物流产业
资源配置	要素与资源的可配置空间和范围	物流要素的物联网化、数字化连接	产业层面的物流要素数字化共享和统一调度	物联网、大数据技术等	管理的可视化、可量化和可优化
发展方式	生产要素分配投入组合使用的方式	从粗放式发展到集约化、高质量发展	集约化发展提升物流服务体验及运营质量	人工智能、边缘计算、运筹优化技术等	技术与商业模式创新驱动的管理和运营创新
物流基础设施	政府职能部门管辖的铁路、公路、水路、航空等运输体系的衔接	物流职能部门之间的协同,打通各运输环节,形成综合运输体系	部门联动、基础设施联动、数字化物流基础设施网络	管理信息系统、物联网技术等	数字化帮助管理公有云下的实体物流基础设施网络

物流行业的数智化转型升级

物流业是不同类型、不同功能的物流企业的集合，是将物流资源产业化而形成的一种复合型或聚合型产业。目前，物流行业存在的主要问题有：传统物流要素与资源过剩，新的物流要素缺乏，物流要素的集约化利用还处在较低的水平，行业的集中度不高等。

在商业与技术的催化作用下，物流产业结构形态、分工协同机制、运转模式都需要进行大幅度的变革。这个数智时代带来的变革，不仅是企业惯常进行的产品或生产流水线的改良、某个业务流程的优化、开辟一个新的市场或新技术在某一个节点的应用，还有对落后不高效的物流产业结构形态、资源配置、发展方式等全方位的突破与创新。

整个行业需要数智化的新基础设施，不同的物流生态物种也需要求新求变。

数智物流新基建

作为连接生产与消费的纽带，物流在畅通国内大循环及绿色低碳经济发展中的重要性日益凸显。生产、分配、交换与消费之间的高效循环，需要借助数智物流从消费端倒逼产业链上的各环节强化联动，提高供给体系的质量，完善流通体系，推动产业供应链的现代化。传化智联董事长徐冠巨在全国人民代表大会上发言:"发展融合型物流新基建,是推动产业数字化升级和提升供应链效能的有效突破口,进而促进以国内大循环为主体、国内国际双循环相互促进的新发展格局。"[①] 所谓物流新基建,就是在数智世界中构建一个与物理世界相同的物流基础设施网络,实现对实体物流网络的描述、诊断和智能化决策,从而提升物流要素资源的配置效率。

为此,整个社会需要加大基础设施和设备的标准化、网络化与数字共享,夯实物流底座。物流底座要可实现路由器般的即插即用功能,让各种物流的应用简单、方便和高效。传统物流基础设施如港口、码头、物流园区、仓库等,需要通过数字技术赋能运营,提升作业效率。例如:西井科技利用技术赋能港口作业,提供基于封闭场景的智慧港口方案,涵盖港口物流链全流程;通过引入无人跨运车、无人集装箱卡车等数智化生产要素,并通过5G + AI 将场景内所有作业设备连接起来,提升无人驾驶车辆的运行效率和集装箱的调度与处理能力。这还只是单个物流基础设施通过数智化提升运营效率的场景,随着未来数字技术的发展、商

---

① 《全国人大代表徐冠巨:加快发展融合型物流新基建 提升中国供应链效能》,金融界,https://baijiahao. baidu. com/s? id = 1726338273944340258&wfr = spider&for = pc,2022 - 03 - 04。

业模式的升级，所有处于游离状态的物流设施都可以进行联网与分布式协作运营。同时，经过联网的基础设施在运营中会留下物流大数据等数字资产，这些物流数字资产经过人工智能、云计算、区块链等新技术基础设施的作用，赋能物理世界的物流要素使之高效连接，从而形成数字与实体融合的物流新基建。

要形成物流新基建，除了对枢纽型、园区型物流基础设施进行数智化赋能，托盘、包装箱、集装箱这类移动的物流作业单位也需要通过数智赋能实现共享、智能化调配，成为物流新基建设的重要部分。托盘、包装箱等物流作业单位是物流标准化、自动化、机械化作业的基础。托盘共享、包装箱共用、带板运输是指在产业链上下游或不同企业之间通过数智服务平台调动闲置的资源实现循环公用和按需分配，可加快车辆周转率、仓储利用率，节约装卸成本，降低企业固定成本投入。在租赁共享模式下，企业无须通过储备大量托盘来应对订单波峰。固定成本投入减少了，物流运作效率提升了，还可以为国家的循环经济做出贡献。

物流新基建的建设可以由政府统筹做好基础性投资，至于对可移动的物流作业单位之类的投资，应充分发挥市场的力量，政府做好政策配套。另外，物流新基建的打造需要同国家的经济与产业发展趋势联动起来，如城镇化、绿色低碳化、共同富裕。物流新基建要与交通基础设施尤其是城市轨道交通（可利用轨道交通的空间建设货物传送的地下廊道、直通地面的各类物流配送站，以缓解城市交通堵塞)、新能源充电桩(方便地下与地面移动车辆及时充换电)做好连接,加速城市经济在生产、流通、消费环节的高效循环以及城市的绿色发展。

物流服务于供应链,物流新基建可以帮助商业实现供应链运作的柔性与韧性。

物流行业中各种角色的转型升级

物流业生态中大致有以下几种主要角色,也需要在接下来的5~10年进行数智升级。

品牌商自建物流

工业经济时代,大中型企业常常通过自建物流要素来确保管理与控制。例如,海尔、美的、苏宁等企业在内部成立物流部门。随着物流能力的提升,现在这些企业选择将物流业务独立出来提供社会化的物流服务,使之从成本中心转向利润中心,例如海尔日日顺、美的安得物流、苏宁物流、京东物流等。自建物流的优势在于:掌握控制权,减少与外部物流服务商的沟通、物流项目调整时间,快速构建与企业商业相适应的物流。自建物流需要领导层对物流在商业中的未来格局有精确判断,持续投入资金,懂得行业物流运行之道。

中间商/承运商

但凡存在信息不对称的行业，都有中介的角色。中间商是托运人与物流需求方之间承担货源整合、车源整合或撮合的中间角色，主要包括货运经纪人、第三方物流、"互联网+"物流平台等。货运经纪人一般分为两种角色，一种是整合货源的角色。例如，在小商品、五金机电、服装、建材等的区域性流通专业市场，中介通常选择在市场内靠着一张桌子、一块黑板、一台电话做整合货源的经纪人。他们扮演信息中介的角色，业内称之为"黄牛"。"黄牛"的存在，一方面通过整合货源降低了货主的成本，另一方面也解决了货车司机的找货难题。与整合货源的经纪人相对应的是整合车源的角色，例如车队。为了获取稳定的货源，一些个体运输车辆往往挂靠车队生存。所以，我们也可以认为第三方物流扮演的一部分角色是中间商；另一部分角色是参与物流的实际运营，通过整合货源、整合车辆，同时自建部分车辆、仓库资源，开展物流服务业务。

随着互联网对传统运力的渗透，连接货主方/托运方与承运方的运力平台应运而生。本来，运力平台是冲着干掉中间商而存在的。但是，平台很快发现掌握货源和掌握车源的传统意义上的经纪人能够长期存在有其独特的价值。例如，如果缺少整合货源的经纪人，不同类型的车与不同重量、体积的货的匹配效率是很低的。现在一些运力平台上，经纪人往往是平台中重要的一方。福佑卡车是一家专注于城际整车运输的互联网交易平台，有效连接货主（福佑卡车的客户主要是拥有货源的物流公司，如京东物流以客户的方式将一部分运力需求交给平台匹配）与货运经纪人（将"黄牛"升级为经纪人，经纪人手中有大量的车源，省去了平台获取司机和运力的推广成本），平台用数字化工具管理经纪人，用经纪人管理司机。与一般的车货匹配平台不同，福佑卡车还是承担实际运输业务的承运商，也就是当下的"无车承运人"角色。从趋势来看，中间商越来越平台化，越来越"重"。"重"的意思就是，平台不仅简单进行车与货的撮合交易，还需要为车主与客户提供更有深度的服务。例如：解决管理风险责任问题、发票问题（指的是平台与货主签订合同、提供发票和一单到底的服务）；在运输中出现问题时承担责任；重构原来的物流价值流程，从而创造新的价值。

实际承运商

实际承运商是指接受承运人（可以是商家客户，或者是整合货源的承运商）委托，从事货物运输或者部分货物运输的人。实际承运人可以是个体或物流组织，一般拥有自己的车辆、仓库等物流资源。例如，个体司机、车队、专线、仓库、物流设施设备服务机构等物流资源的拥有方都属于实际承运商。一般而言，实际承运商提供的是单一的物流功能服务，规模都不大。在整个物流产业生态中，承运商扮演的更多是"点"的角色，大多要通过挂靠某一个中间商或制造企业才能生存。

合同物流商

合同物流商一般通过长期合约或所有权形式获得实际承运人的使用权，直接为货主（托运人）服务。目前，国内的合同物流商有很多，具有代表性的如广州宝供物流。例如，宝洁在早期进入中国时，就把广州的某区域物流外包给宝供物流。合同物流的发展方向是垂直物流服务商，可以为客户提供个性化的定制物流服务。传统的合同物流企业靠买卖差价甚至有时候靠信息不对称赚取利润，通过数智化升级的合同物流企业，则让货主和服务商之间更透明，从而可以充分协同增效，让效率变成双方共同利益，这是更持久的商业关系。例如，夏晖物流是麦当劳长期合作的合同物流商，1974年成立于美国芝加哥，随着麦当劳进入中国已有40多年，拥有世界领先的冷链多温度食品分发技术和安全质量标准。2018年8月，顺丰投资控股美国夏晖集团并成立了新夏晖，助力顺丰完成从快递物流到冷链物流和供应链综合服务商的角色转变。[1]

---

[1] 《携手麦当劳物流供应商，顺丰控股的新夏晖发力冷链物流》，界面新闻，https://baijiahao.baidu.com/s?id=1608459254099374362&wfr=spider&for=pc，2018-08-11。

物流集成服务商

物流集成服务商指的是能将各种物流功能进行整合，为客户提供集成化、一单到底服务的公司，提供快递、快运、仓运配一体和基于供应链物流的整体解决方案等。较为典型的代表有顺丰、京东物流、菜鸟、"四通一达"、海尔日日顺等。物流集成服务商大多是由商业企业内部孵化而来的，例如京东物流、菜鸟、海尔日日顺等。也有像顺丰这样从快递物流起家的服务商，一直希望在商流上寻求突破，提供协同服务，例如2012推出生鲜电商平台顺丰优选、2014年推出嘿客（与顺丰优选相对应的线下门店，其定位是通过图片展示引流到顺丰优选线上平台），但均以失败告终。顺丰退而求其次，通过并购战略实现从快递企业向综合物流和供应链服务商转型。2018年10月，顺丰以55亿元人民币收购国际物流三巨头之一DHL在华供应链业务，从而获得DHL国内的供应链管理业务、管理团队和运输仓储科技。2021年9月，顺丰斥资146亿元人民币收购嘉里物流（以亚洲为基地的国际第三方物流服务供应商，主营业务为国际货代）51.8%的股份，希望加速物流业务的国际化布局。

加盟物流及数字物流平台

物流属于重资产性行业，单个企业很难完全靠重资产自建方式完成物流服务的升级，因此通过联盟或者平台化进行物流要素整合是大势所趋。例如在快递领域，"四通一达"通过加盟模式在电商红利下高速发展。在零担物流领域，安能、壹米滴答也通过类似快递加盟的方式做快运，利用加盟、众筹众包整合网点、线路和卡车等物流要素是大包裹和重货物流领域扩张的重要方式。在无车承运人领域，最为典型的是北美最大的物流公司罗宾逊，没有一辆卡车，所有的运力要素都通过平台整合，随时调用。新兴的数字平台如新满帮、福佑卡车、运去哪通过平台的方式整合卡车、货运经纪人、船公司等物流要素。与此同时，传统的物流企业也在通过数字化转型，以平台化的方式来整合物流要素。例如，传化将线下的物流交易市场搬到线上，通过平台整合运力资源开展物流 O2O 服务；壹米滴答通过联盟、并购和自建物流要素的方式快速形成快递、快运和大包裹等三个物流网络。

G7、易流科技、oTMS、路歌等新兴数字物流平台，通过 SaaS 技术打通托运方与收货方之间信息流动的鸿沟，并提供管理分析工具帮助客户对物流业务进行数据分析与诊断。例如，路歌基于 LBS 技术开发的管车宝帮助物流公司实时获取货车司机的位置、在途管理车辆、智能调车，实现了物流业务流程的在线化和运力资源管理的数字化。在货代领域，Flexport、运去哪、Wall-Tech、海管家等提供跨境服务的数字物流平台，通过 SaaS 技术为托运方提供车、船、货可视化跟踪、预警和协同管理，并为托运方的国际货运提供决策支持，例如，报价服务、货运流程优化、航线选择等。能做到这样赋能，反映了物流要素联网、算法协同的价值。

案例：运去哪——一站式国际物流数字平台

长期以来，传统航运存在产业链长、订舱难、价格不透明、全程效率不高等问题，产业整体的数字化转型迫在眉睫。如何通过打造数字化平台对传统航运进行赋能，以有效缩短国际物流运输时间、降低运输成本以及提升全链条的运营效率？

运去哪作为全球领先的一站式国际物流数字平台，利用互联网、数字化技术，打造可视化的包括海运、空运、铁运、跨境电商物流、散杂货运输、拖车、报关、仓库内装、货运保险、目的港服务等在内的国际物流综合服务。目前，平台上注册的外贸公司约3万家，船公司、货代、车队、报关行等物流供应商约2万家，业务覆盖全球近90%的主要航线。平台主要收入包含撮合交易服务费、自营服务利润、供应链金融利润等。

运去哪于2015年上线。成立之初，运去哪还只是一个信息撮合平台，将外贸公司和一级货代引入平台，提供撮合交易服务。运营中，公司发现用户黏性差，服务质量无法保证，团队最终决定将目标锁定在港前服务环节，通过开展拖车、报关、仓库内装、保险等业务，增加用户港前服务体验。之前，外贸公司把拖车、报关、仓库内装等服务打包给货代，货代又层层转包给车队、报关行，由于缺乏标准，用户体验差。在信息撮合业务的基础上，运去哪增加了拖车等运输相关服务，外贸公司只需要在线提交货物运输需求，运去哪会根据具体需求，通过数据平台为其选择合适的物流供应商，并提供全程出运服务和保障。2015年8月，互联网拖车、报关服务上线。2016年8月，运去哪又上线了滴滴询价功能，外贸企业在平台上输入货物的运输路线、具体信息等，平台将信息推送给平台内的货代公司，有意向接单的货代公司可以给出报价。在这个过程中，平台客服会帮助客户选择性价比较高的货代企业。

运去哪CEO周诗豪认为，物流生态的核心之一是标准制定。当更多客户用你的标准享受了服务、更多供应商通过你的标准连接找到了客户，这种标准化的服务通过固定的方式和流程实现线上化运营，就能够大量复制，成为标准化互联网服务。

2017年2月，运去哪平台联手马士基航运、达飞轮船等几十家船运公司，推出了"集运头等舱"创新型服务，将外贸公司和国际船公司直接连接起来，省去中间环节，直接通过平台预订航运公司的舱位。这是运去哪精简航运产业链和提供标准服务的重要一步。此后，2018年7月和2020年6月，中海集运、亚海航运、以星等船运公司入驻运去哪的"集运头等舱"。

从成立算起，运去哪经历了从信息平台到集交易撮合平台、港前物流履约服务、运营数字化订舱平台于一体的转变。未来，运去哪希望能提供端到端服务过程中涵盖商品展示、服务履约以及最终结算流程的全链路物流数智解决方案。

全行业物流要素整合与业务流程重构的挑战

互联网+、加盟式的物流组织创新，让我们看到了物流要素跨组织整合与协同的路径。但是，要实现物流要素的大范围连接、流动与整合，单靠细分领域的加盟型或者平台型组织的要素整合是不够的。目前，物流要素的组织障碍主要体现在以下几个方面：

一是目前物流要素的流动大多还局限在企业内部，与外部的共享和协同还较少。例如，国内的快递企业虽然通过加盟形式实现了对区域网点和快递小哥的整合，但是这些网点、快递员等物流要素实际上还是隶属于单个企业，并没有实现共享。菜鸟看到了这里面的机会，通过"菜鸟裹裹"App连接快递企业的快递员，并通过算法调度消费者周边的快递员提供上门取件服务。通过数字技术，将社会上的快递小哥、零散运力与上门取件场景进行数智化连接，提升了上门取件端的物流效率。这仅是最后一公里上门取件这种细分物流场景里的例子，未来，随着数字化技术对物流价值链各环节的渗透，会出现各种细分场景和价值链环节的物流要素整合与共享模式。

二是物流要素还缺乏面向多业务场景的整合。商业业态的多元化带来的是多业务场景的物流形态，例如快递、快运、合同物流、专线物流、干线物流、电商物流、城配物流、即时物流等。消费互联网发展的后半段，互联网巨头将注意力转向同城、社区的消费场景，30分钟配送上门的即时物流已经是标配。生鲜熟食品类是从餐饮店发货；对于快消品，有的从区域仓/前置仓发货，有的从邻里杂货店发货。目前，不同业务场景的物流基本上是独立运营的，缺乏柔性的整合。一方面是物流自身历史发展的原因，另一方面是商业的原因。商业如果没有协同共利，物流自然各做各的。要形成灵活、柔性的物流形态，需要通过组织协同将现有的物流形态打散，并进行微粒化解构，将共性的物流要素解构出来进行共享，满足不同物流服务模式的需求。实际上，共性不仅存在于同一种物流模式，不同的物流模式也会有共性。例如，2C和2B物流都需要仓，快递与即时物流都需要快递员，快运与快递都需要转运中心和卡车，存在整合的可能性。这些共性的物流要素，如果能够通过平台化整合变成可共享的物流要素与节点，无疑会推动物流要素与资源在社会层面的集约化利用水平。例如，将仓、快递网点、快递员等物流要素在线共享，就可以打造新的电商物流服务平台——云仓+快递，其优点是用分布式仓储取代不增值的取货环节，同时使发货的地点离消费者更近。同一个仓，既可发快递，也可发门店；同一个快递员，既可服务快递场景，也可服务即时物流场景；同一个门店，既可是零售场景，也可是打包与发货场景。

三是物流要素的大范围集成需要依托全场景、全链路的连接与重构。全场景指的是物流服务的各种场景如驿站取货、自提柜取货、送货上门、门店配送等，还包括可能在高铁站点、机场等流动的场景实现送货服务。全链路包括物流全链路和商业全链路。物流全链路包括运、仓、配、端等，商业全链路是从品牌商（制造商）到零售商、消费者的链条。两者之间的关系是，物流全链路是商业全链路的重要组成部分和保证，支撑商业完成包括采购、生产制造、零售在内的供应链一体化运营。当商业能够与数字化融合时，物流将有机会跟随商业一起演化，打造面向新商业的物流新基建。

目前，物流巨头们在积极布局与打造产业、流通、消费端一体化运营的新型物流基础设施。例如，京东物流正在通过构建供应链技术平台打通产地网络和销地网络，并协同物流合作伙伴打造从采购、生产到流通、消费的一体化产业供应链服务；菜鸟网络通过IoT战略来连接1亿个智能物流端，打造物流全链路的数字化基础设施，并与阿里系电商平台、阿里云协同打造从品牌商到消费者的产业全链路一体化运营；苏宁也在围绕未来零售全场景搭建数字化物流基础设施平台；准时达专注制造业上游从原材料到成品，以及下游从成品到终端消费者的全程端到端供应链与物流整合；安得智联（前身为安得物流）为品牌方搭建基于"一盘货"的供应链全链路物流运营及家具家电送装一体化服务。在国内，能够搭建端到端物流场景服务的企业还是少数，大致有两个原因：一是商业的协同、互联互通不足；二是国内物流基础设施的效能与连通性不足。这两者制约了物流能力的发挥，我们将在第四章提出协作升级的思考与做法。

数智化带来物流业务与流程重构，亦即重新分工、共创价值的机会。物流重构的价值体现需要放在整个商业系统中进行考量。举个例子，对于像美的、格力这样的制造企业，如果优化的是企业内部物流，物流的价值体现为厂内物流对家电产品生产的贡献；如果优化的是供应链物流，物流的价值体现为从家电零配件的采购物流到生产物流、流通物流对企业全链路商业的贡献；如果优化的是产业供应链物流，物流的价值体现为家电产业链全链路物流对整个产业的贡献。目前，数智物流的价值贡献主要还体现在企业内部和供应链层面，较少涉及产业链层面、社会和国家层面。

为什么当下的物流价值创造还难以实现更高层面的提升？

物流是服务业，不生产、不卖货，而是帮助厂家、商家提供服务。所以，物流要实现在产业和社会层面的价值贡献，需要商业的互联互通进行开路。这就是我们在前面提到在产业互联网的红利下，2B物流将会迎来一个大发展的原因所在。2C+2B物流，将会协同商业实现供应链与产业链层面的流程重构。要实现物流在产业层面的大范围重构，物流要素需要从过去的封闭化、私有化转向开放式的自由连接、公有化。连接大于拥有，使用权高于所有权，隶属于不同组织的物流要素需要被释放出来形成社会化的物流要素池，这样才能匹配和适应商业互联互通业态的要求。当下，国内物流的头部企业主要是顺丰、京东物流、通达系等几家2C企业。电商红利下，快递企业通过自建、加盟方式进行物流要素的整合，提供全国性、全网性服务。但是，大多数物流企业都处于散、小、弱的状态，且只能提供专线、区域性（一般是省内、市内）物流服务。如果区域性物流企业想走出去服务更大的市场，唯有进行物流要素的大范围整合与集成，形成一体化的物流要素网络，才能跟上商业的趋势。为此，要做到服务好未来的商业，商业全链路要配合起来让物流要素实现跨组织的流动、整合与调度。

物流，需要与商业协作，共同谱写数智时代的协奏曲。

·第四章·
新协作：商业与物流数智化的协作及价值重构

要点

通过数字化时代的协作，我们将有机会进行商业全链路的物流重构。在这个过程中，有的价值环节被去掉，有的价值环节被创新出来。面对多元的商业场景，把原先独立运作的运、仓、配链路进行解构与交叉重构，需要找到数智化创新与升级商业和物流运营模式的路径及方法。

问题与思考

1. 什么是商业与物流协作？能带来什么价值？用什么机制与形式开展协作？

2. 什么是全链路、全渠道物流环节的解构与重构？有哪些原则与方法论？有哪些成功案例与最佳实践？

3. 与商业协作的物流供应链如何进行转型？如何在商业模式、业务创新、组织保障上规划转型路径？在转型的过程中，需要哪些认知、结构、角色、机制的转变？

商业与物流的断档与重新分工协作的到来

商业与物流断档的痛点

物流的职责是帮助商业实现货畅其流,但是现实中,因为商业与物流的断档,影响了货的流转效率。

举例来说,在一个商业分销体系中,有五种角色或节点,分别是工厂、经销商、门店、消费者和快递员。其中,经销商是整个供应链中承上启下的节点,负责从工厂进货然后分发给门店。

传统商业中,信息只在相邻的节点中传递和共享,物流是随着货权的转移而流动。因此,供应链的信息流与物流顺序依次为:(1) 经销商向工厂下订单;(2) 工厂负责将货送到经销商的 W1 仓库;(3) 门店 S1 向经销商下订单;(4) 经销商负责将货从 W1 仓库送到门店 S1;(5) 消费者下订单,门店 S1 找快递员 C1 到门店取货并送给消费者。(见图 4-1,虚线为替代方案)

图 4-1 中,几种物流场景是分离、不连续的,只能进行局部

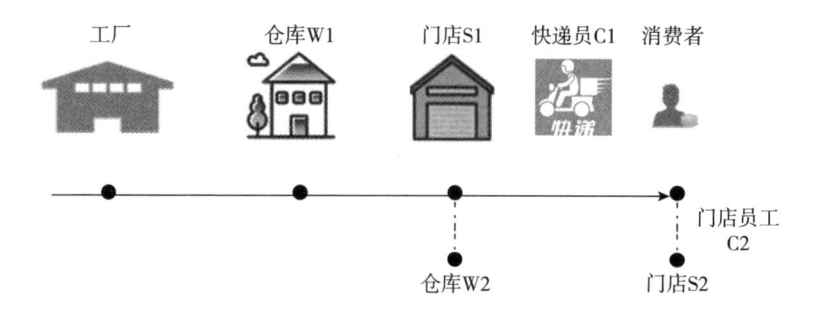

图4-1 传统商业分销体系的连接

优化。对于经销商来说，将货送到自家仓库是局限在自身资源内的局部优化，其原因是没有外部仓跟它的货进行连接，也不清楚哪些仓离递送服务的门店是比较近的。假设仓库 W1 位于上海虹桥区、门店 S1 位于上海浦东新区，若浦东新区的仓库 W2 与虹桥区的仓库 W1 有数字化连接，货与仓就可能是另外一种连接方式，例如将货备在浦东新区的仓库 W2 进行分仓，方便送到地理位置相邻的 S1 门店。同理，找一个离门店最近的快递员 C1 到店取货，也是一种局限在自身资源内的局部优化。也许，消费者楼下的一个门店 S2 就有一件同样的商品，可以让门店员工 C2 送货上门，或者让消费者到店内取货。

上述例子中，从工厂到经销商、门店、消费者之间的各个供应链环节的物流是分离运作（这是一种隐蔽性很强、不高效的货物流转方式）的，物流优化的空间受到了限制。反之，如果各个利益相关方将物流活动分离出来，进行端到端的供应链层面的优化，这种优化是全局性的。理想状况是不同的商业主体如工厂/品牌方、中间流通组织方、零售组织方和物流方能够紧密协作，为全链路物流运营创造一个营、采、销协同的商业环境。上述例子中，如果是协同化的商业场景，我们就可以把从工厂到消费者的全链路流程看清楚，把被忽视的、未被发现的、更合适的物流要素与角色（例如，仓库 W2、门店 S2、门店员工/快递员 C2）挖掘出来，利用人工智能与算法来调度，从而大幅提升物流协同效应。同时，物流被解构与重构后，还会与商流、信息流、资金流之间形成连接闭环，实现"四流合一"的商业价值提升。

商业与物流的断档使得物流的组织方式较为无序和随意，商业与商业、商业与物流以及物流与物流之间往往通过"机会主义式"的交易方式来进行连接。物流，实际上被商业分割了。这种分割不仅表现在企业与企业之间，即便是在同一家企业也会被分割。例如，同一家公司在不同地区的业务可能要分包给几家物流企业。

那么，问题的根源在哪里呢？

答案是本位主义。所谓本位主义，就是在处理整体与部分之间的关系时，只顾自己而不顾整体利益，只看到局部，看不清全局。上述例子中，我们发现厂商、经销商、物流等角色在合作时只关注自己家的一亩田如何耕作，将边界划分得很清楚。

但问题就在于，看似合理的分工与边界及其底层的观念、战略、组织等经营逻辑，难以在短时间内转变，以匹配和适应变化的时代。观念，决定企业经营的境界。目前，大多数企业还停留在工业时代所建立起来的思维模式，如划地自封思维（分工然后屏蔽是最好的价值获取方式）、利益博弈思维（如层层压货、店大欺客）、短期的成本与效益思维（推式供应链：大规模生产降低制造成本，然后大批量分销回笼部分现金，却忽略了为消费者创造更大的价值）等，这决定了企业战略的底层逻辑是上下游竞争博弈以及对应的利益抢夺（例如，吃差价、吃进场费）。本质上，差价应该是对产业、市场贡献的价值体现，而非利用信息不对称、大欺小、私有流量和小圈子关系。竞争博弈思维下，产业组织方式必然是线性串联以及形成区域割据与链路中断。一旦形成区域割据与链路中断，就会阻碍产业资源与要素的合理流动。

数智时代，可以让"以消费者为中心""顾客是上帝"这些过去大家常挂在嘴边的经营理念真正落地。

为什么？

随着消费者主权的崛起，人会成为未来商业的终极变量。人在哪里、需求在哪里，商业就会在哪里，企业的边界就在哪里。未来，随着数字技术尤其是移动互联、AI、大数据、物联网等技术的不断迭代与发展，组织协作成本大幅降低，企业的边界被打破，不再设置层层障碍，进而实现以通透、高效的方式来匹配多元化、碎片化甚至单件定制的需求。因应新消费，商业需要跨越层层障碍、通力协作，时刻做好满足消费者需求的准备。

通过与商业紧密协作发挥物流的组织效率

提升物的流通效率，除了要创新物流的组织方式，更需要通过打通货物在流动中的堵点，激发出物流的多维度价值创造。在第三章，我们提出了新的物流业态需要能够在业务、交互与数据等多维层面拓展价值，而这种多维价值拓展一定是在与商业的紧密协作中产生的。

物流与商业协作的前提是商业彼此之间要能够数字互联，不要有区域分割与断链。区域分割不仅表现在大家由于商业竞争、利益博弈而不连通，还表现在区域割据状态下的封闭式市场，这阻碍了商品、物资、物流等要素与资源的高效配置。2022年3月25日，国务院发文提出要加快建设高效规范、公平竞争、充分开放的全国统一大市场，推动市场设施高标准联通。当下，中国经济正处于数字与实体融合发展的阶段，希望借助全国统一大市场的制度规则、产业的数字化融合，逐步打通横亘在区域间的物质生产、流通与消费中的堵点。这些堵点如果能够被打通，将会给物流资源的高效配置带来新的机会。

当下，物流的变革起源于上一个20年消费互联网的兴起。

下一个20年，物流的变革将奠基于产业互联网、产业的数字化赋能协作的形态。

消费互联时代，物流的变革发生在电商渠道端，通达系就是在这样的环境下成长与发展壮大的。但是，今天我们看到过去的电商业态正在被加速重构，社区零售、同城零售等新零售业态如雨后春笋般不断涌现。这是发生在同一个地盘上存量市场的商业变革。同时，在增量上，商业正在无边界拓展，将触角延伸到乡镇、农村乃至全球的每一个角落、无穷多个细分商业场景。随着农村、全球消费市场的广度拓展以及城市消费市场的深度挖掘，物流与消费的连接方式将会在深度与广度上发生全新的变革。

值得注意的是，面对个性、多元的购物场景，物流体系的重构需要区分"以变应变"和"以不变应万变"。

如果为每一种购物场景去布局与之对应的物流体系，成本太高，也没有必要，所以需要模块化重组重构。面对商业的加速变革，物流体系的重构，两手都要抓，两手都要硬。变，指的是需要增加、减少、创造一些物流要素以及做好物流要素的动态配置。例如，社区生鲜电商在供应链前端需要增加前置仓，实现快速配送到家，在供应链后端需要增加产地冷链仓以减少生鲜品的损耗。同时，我们也可以把存量的物流要素如门店作为前置仓使用，以做到对存量资源的整合利用与动态配置。当然，这需要门店能够被数字连接，从而发挥卖货以外的价值。除了快递小哥上门递送，未来也许可以用机器人送货，这是一种全新的物流要素。不变，指的是恒久共性的物流要素（节点和网络，例如，交通干道、港口、铁路、位于重要位置的物流中心等物流基础设施）。

物流连接的重构本质上是要重构商业关系，建立起商业与物流、物流与物流间新的分工与协作方式，让货能够沿着实现价值提升的方向流动。为此，我们要重构商业与物流协作的认知观、组织观和机制观。

商业与物流数智化协作的认知重构

商业与物流数智化协作的认知重构就是要以用户思维为出发点，重新思考商业价值创造的本质以及数字时代价值创造方式的转变。商业价值创造的本质是要提升用户价值，而不是本位主义；产业协作创造价值的方式不再是价值链博弈，而是价值网协同共赢。

从价值链博弈到价值网协同

要么协作，要么灭亡

价值链博弈的认知思维，阻碍了商品、物流等产业要素与资源的配置范围和有效性。所以，我们需要重构认知与意识，在数字时代，商业唯有协作共创才能面向未来。《维基经济学》中指出：新的全球性商业规则是要么协作，要么灭亡。[①] 陈春花、朱丽认为，组织的效率不仅来自分工，更来自协同。[②] 过去组织之间是弱连接、割据式的价值链分工，但随着数字协作成本的降低，未来一定会走向强连接、精细化的协作。过去我们关注企业如何获取竞争优势，未来我们需要转移心智，把重心放在如何获取产业的整体竞争优势。唯有如此，才能应对变化。产业整体竞争优势的形成，是多维度的要素协同机制驱动的结果。例如，资源配置与共享协同机制、竞争与合作机制、知识流动与技术创新协同机制等。

消费互联网时代，技术虽然建立起了渠道端与消费者的广泛连接，拓宽了交易平台价值实现的途径，但没有改变工业时代建立起来的价值创造机制——价值链。"垂直价值链"强调价值创造方式是泾渭分明的专业分工，却因为本位主义而导致了各人自扫门前雪的心态与行为，缺乏全局优化、共同升级的思维。

价值链博弈

我们从利益博弈、信息传递和分工三个方面，来看价值链博

---

① ［加］唐·泰普斯科特、［英］安东尼·D. 威廉姆斯，《维基经济学》，中国青年出版社，2007年。
② 陈春花、朱丽，《协同：数字化时代组织效率的本质》，机械工业出版社，2020年。

弈思维对供应链与物流运作的影响。

利益博弈

长期以来，供应链上下游之间主要通过规模、信息屏蔽、不可替代性所产生的谈判力量来博取利益。比如说，大型的商场和超市，除了赚取商品买断的差价还向供应商收取进场费、节日促销费、延迟付款等，零售商与品牌商斗法的过程让大家疲惫不堪，也伤害到供应链的坦诚合作。例如，零售商长期过于关心差价收入而忽略商品的创新，供应商缺乏产品研发创新的动力导致产品老化；高昂的流通成本及加价率转嫁给最终消费者导致客群流失，为求生存，零售商再发展各式收费名目，整个行业进入恶性循环。但是这种博弈行为逐渐走不通了，因为线下渠道的价值在降低，供应商有了更多新兴渠道的选择。

信息传递

在价值链串联分工下，信息传导是线性方式。例如，制造商的生产决策是根据经销商的预测来制定的，经销商的进货决策是根据零售商的预测来制定的，零售商的进货决策是根据最终市场需求预测来制定的。信息的线性传导机制，会导致各商业主体的信息来源有极大的局限性、信息传递出现延迟与扭曲，从而引发"牛鞭效应"。预测本身的不准确以及牛鞭效应的影响，会使得企业的采购、生产、库存、物流决策产生严重扭曲，进而影响整体供应链绩效。

价值链分工

过去，一个产品从生产制造到满足消费，货的流转是从制造商到区域代理商、经销商、零售商这种线性串联的方式，货物跟着交易流动到买方的仓库。例如，品牌商/制造商负责产品的生产、库存，以及从工厂到经销商仓的分段物流；经销商负责产品的销售、渠道的扩展，以及从经销商到下面一层级的物流活动。随着数字协作成本的降低，未来消费端的一举一动都可以被同步知晓，每个价值环节也可以发起创新，这将会带来供应链运营的数字变革。

我们发现，长期的利益博弈导致大家都患上了"近视症"，只看到局部而看不到整体，只看到自己而看不到他人。

价值网协同

价值网协同的本质是用户第一、协作和利他。

近几年大家都在谈新零售，其本质上不是零售形式"新"，而是思维"新"，换个思维方式来做零售的"人、货、场"。准确地讲，新零售是用户导向的线上线下融合协作。用户导向，就是看怎么做才能满足消费者的新需要，例如年轻消费者希望周末逛超市、工作日送菜到家、时时有活鲜。线上与线下有不同的商业逻辑与属性，需要无缝融合、亲密协作。整个价值链的流程创新、分工重构不是为了自身雄霸天下，而是基于为消费者、为员工、为供应商带来更好生活的利他思维。

近10年来,大家都说传统商超的日子不好过,根本在于商超行业30年来的观念与做法没有转变。例如,许多商超长期以来靠着各式各样的名目向品牌商收进场费、上架费、堆头费、节日销售补贴、要求派驻促销员等,忽略了消费者对商品、对购物场景逐年变化的需求。现在消费者不一定喜欢到店,还图送货到家的方便,商超需要提供物理空间之外与消费者连接和互动的新界面,如小程序、App 等;在互动中,要能更好地提升导购员的价值,从坐商到行商,甚至深入邻里,扮演类似于社区团购中经营客户、推荐商品、提供售后服务的"团长"角色。这是"人"和"场"的变化。现在消费者为了省心,希望买了菜后回家不需要烦琐的洗、切、搭配过程,可以直接加热或蒸炒,那超市需要做到及时供应预制菜、净菜来匹配"人"的价值提升,这是"货"的变化。人、货、场的重构是通过供应链来支撑的,要改过去的供应驱动方式为订单与需求驱动,让货的源头直接感知到消费端的变化,这是供应链的变化。货的流转方式要从原来层层流转、僵化不变,转变为灵活地随着时令、季节、社会、消费者需求流动。

案例:传统超商的转型自救——利他升级

山西的区域超市美特好就像中国各地的连锁超市一样,从改革开放后茁壮成长，但在 20 多年的荣景后，随着移动互联网浪潮带来冲击，2013 年开始陷入衰退亏损的困境。美特好集团董事长储德群意识到：转型是唯一的自救之路。转型要从用户导向的"人、货、场"等零售关键要素的创新开始。储德群首先意识到，在消费升级的时代，消费者希望过上健康、优质、方便的生活，超市的升级目标是能够成为家庭的"二厨"，需要在丰富的生鲜及半成品方面创新，而这些能力是传统超市经营不擅长的。因此美特好先将集团的采购团队孵化出来，成立优鲜多歌供应链公司，以专业的流程方法开发水果切盘、火锅净菜、腌制小菜，然后是蒸卤食品等预制菜；再建设无尘防菌的中央工厂保障生产过程的食品安全，将食品采用冷链分发到各门店。这个举措帮助美特好很好地应对了 2020 年互联网公司大举下沉到社区进行补贴扩张、团购卖菜对传统超商的冲击。美特好门店的生鲜销售虽然受到影响，但可以通过优鲜多歌为互联网社区团购公司提供供应链服务而成长扩张，2021—2022 年疫情期间，也通过各式预制菜为封闭在家的消费者提供多元口味，提升生活品质。

储德群接下来找到同为太原人的年轻创业者原冰，邀请她返乡共同创立全球蛙数字零售公司，开发会员数字化、营销数字化、交易数字化、门店数字化，全渠道数据打通融合的技术产品帮助门店导购员在线上运营用户、推荐产品、提升收入，带给消费者足不出户、在家下单收货的选择。因为全球蛙的数字赋能，美特好在疫情期间没有受到实体店封控的影响，反而逆势发展。全国各地的区域超市，也都来询问，希望美特好输出这套系统。截至 2022 年年中，已有超过 300 家区域连锁超市的上万家门店及 35 万店员使用全球蛙的系统服务上亿消费者，全球蛙为全国超市的数字化做了很大贡献。

我们看到的美特好转型之路，背后的核心其实是数字时代的认知重构。认知重构就是面对新的消费趋势与技术发展，企业全员重构对未来世界观的认知。例如，数字时代，可以借由数字化工具更加了解与满足消费者个性化、多变的需求，与此同时，也利用大数据、人工智能技术分析预测需求，引导商品开发与采购，提高效率，减少耗损与浪费。数字化和平台化不是互联网企业的专利，传统企业也可以率先在行业创造数字化运营的成功模式，然后输出系统，转型为赋能平台。例如，美特好孵化的全球蛙，除了为美特好做数字零售赋能，也是一个去中心化的超市赋能平台：线上 App 的名字是超市客户的名字，会员是超市客户的，销售的商品也大多数是当地超市客户的，运营责任由超市客户承担，超市客户掌握自己的数字化未来。

这不是超市入驻中心化电商，而是美特好/全球蛙赋能区域零售客户做自己的私域平台，提升数字化运营能力。对于这个新兴的超市生态联盟而言，不同区域连锁超市的创新亮点可以给别的区域超市做参考，集体的经营数据又可以反哺商品的开发、最佳实践分享、门店运营产品的打造，甚至供应链运营的整体规划与升级改造，这是行业共同协作带来的增量价值，是过去讲求竞争屏蔽的世界难以想象的新境界。当一家传统超市能从人（消费者的需求满足、员工的能力升级）的视角考虑商业布局，那改变的不是供应链中的一个环节，而是整个供应链。当一种新商业模式能够改变商业格局的时候，那不是改变一条供应链，而是重构产业链。美特好/全球蛙输出自己打磨成功的模板给区域连锁超市是利他赋能、商业向善的思维与行为，带来的是整个生态圈利用数据实现经营的升级，相信未来的美特好/全球蛙也能通过平台化让自己实现更大的升级。

案例：如何理解社区团购的未来发展？

社区团购模式的火爆在于解决了供与需、产与销的匹配和协调问题。通过激活终端门店的活力并与之协作共赢，让订单驱动供应，让销售驱动生产，形成一种有效的产销匹配方式；在数字赋能下通过集中订单，反向带动了集采和集配，为产销协调提高效率、减少浪费。同时社区团购开发了一个新的社区零售场景需求，本质上是一种集认知重构、角色与机制重构于一体的产业协作共创与价值重构，这种产业协作方式带来了产业要素的重新组合与配置。

认知重构

社区团购是一种价值思维的认知重构,是为了回应越来越多的消费者希望在离家 50 米内或小区内买到便宜的菜品。社区团购商业开发了社区里现成的小店,让小店经营者在空余时间担任组团、集合下单、交付服务的角色。这颠覆了行业的惯性思维,过去一直假设消费者要到超级市场、菜市场买菜,没及早意识到数字化技术使得消费者可以在网上海选菜品,省去到实体店面选菜的麻烦。

角色重构

社区团购商业中,数字平台与社区团长有重大的角色转变。平台方需要做好 App 系统、商品在线展示、采购供应链,然后赋能社区团长从外行变内行、容易上手。社区团购的商业主体从线上中心化的平台转变为开放式的创业孵化平台,向下游为社区终端赋能,向上游缩减供应链环节,减少流转耗损。终端不再是过去的商品展示场所,而是兼具线上购物、与消费者互动、前置仓功能的立体化场所,门店老板/团长利用社区熟人关系二次创业,激发动能、承担责任。

机制重构

社区团购重构平台与门店/团长、消费者、供应商、物流服务商等利益相关者的利益关系,主要体现在以下几个方面。一是帮助上游供应商提高确定性：集中订单、集中采购，带来规模经济。通过消费者提前下单预购给到供应商订单，供应商提前（例如1~3天）准备货物的生产和采摘，同时缩短账期（例如兴盛优选给到供应商的是T+1账期）。二是激活线下网点：不仅为门店/团长增加线上收入，而且还为线下生意带来更多流量。通过销售高频的生鲜产品提升消费者进入门店的频率，数据显示，平台对门店带来了10%~20%的生意增量。三是赢得用户：提供价廉物美（平均有20%的价格降低幅度）及次日达的物流体验。

供应链运营重构

运营重构主要是通过供应链运营模式的创新，重构人、货、场，并发挥各类商业要素与资源的协同价值，主要体现在三个方面。一是缩短供应链条，降本增效：社区团购将原先农产品从田间到餐桌的6次流转（生产商、农产地经纪人、产地批发商、销地批发市场、生鲜批发商、菜市场）缩短到3次（供应商、中心仓/城市仓、门店/团长），除了提升效率，还降低转手加价及搬运耗损，这是一种仓配模式的重构，通过大数据及算法来优化供应链。二是从推式供应链到拉式供应链的转变：让传统的供应链线性分工转变为数字供应网络协同。由于C2B这种按需供应模式中间没有库存可以缓冲，这就要求供应商、仓配服务商、运输公司、门店等角色之间能够无缝连接与协同，当有新的任务被发起，各个角色就需要高度协作起来，构建人、货、场的有效协作方式。

三是供应链成本重构：获客成本比生鲜电商低（门店与团长引流），流通成本比传统菜市场低（从 6 次到 3 次加价），低库存高周转（拿到订单再运输，库存减少）。

社区团购的背后是对用户价值认知的重构、产业链分工及机制的变革、供应链数字化运营的转型。社区团购未来会不会一统天下？不一定。变革的初心还是要回到对客户分层分群的需求洞察。社区团购虽然能带来价格优势，但是其品项选择较少，需要等待 1 天送达，吸引的是二、三线城市的家庭妇女；而生鲜电商＋前置仓提供 1 小时送达，虽然快，但运输成本较高，吸引的是一线城市的年轻白领；传统超市给消费者现场逛选、体验尝新的空间，达到了多及好，吸引了有闲、追求品位的人群。

去中心化协作机制的发展，也在全球范围内如火如荼地展开尝试，例如 2004 年在北美成立的 Shopify，初期从提供 SaaS 工具帮助中小型商户启动、发展、营销和管理线上零售业务开始，逐渐搭建电商云端一体化解决方案，帮助商家管理好全渠道的流量运营，覆盖脸书等社交平台、亚马逊等电商平台及商家自营的独立站点等全渠道整合，接下来又进一步提供涵盖支付、金融、物流、数字硬件等八大领域的增值服务，公司产品覆盖 175 个国家和地区，建立超过 260 万个商家独立站，付费商户数达 175 万，覆盖消费者超过 3 亿人。2021 年 Shopify 全年的总交易额（GMV）为 1754

亿美元，在全美电子商务零售销售中的份额占比仅次于亚马逊，超出沃尔玛、eBay（易贝）等零售商，并在第二季度实现访问量首超亚马逊。

　　Shopify 深知，要帮助商家客户持续成功发展不能只有在线营销与流量运营，因此积极投资供应链服务，以期商业与物流体验的协同。2019 年 6 月，Shopify 推出 Shopify Fulfillment Network，花费 10 亿美元在美国经营一个仓储网络，通过人工智能驱动的智能分配技术，来规划采用哪些物流中心服务商家，并确定商家在每个物流中心的商品库存量，确保商家能够及时交货，并降低运输成本。同年 9 月，Shopify 以 4.5 亿美元收购仓储机器人公司 6 River Systems，加速 Shopify 在美国的仓储网络建设与发展。

　　Shopify 跟美特好都是去中心化赋能平台，从提供数字化应用工具开始。虽然前者赋能的是商家、货主，后者赋能的是超市、门店，但两者都是发展开放性、通用性的应用工具，帮助行业伙伴转型升级。两者都是从对商业赋能开始轻启动，帮助客户线上化、做营销、创增量，接下来通过重投资提升附加价值，通过物流、金融进行全价值流程赋能。两者都是在中心化平台独领风骚时，利用差异化的发展策略及赋能利他的心态成长茁壮。去中心化协作未来在 Web 3.0 的技术架构下，能够精确记录产业参与者的贡献并给予报偿，利益相关方能够在互补协作的同时保留自己的隐私与自主性，预期会有更多的发展。

物流价值网协同

物流价值网协同是商业与物流协作的重要表现形式,指物流各环节、各要素之间通过彼此的连接、互动与协作,来完成一个共同的运营目标。这个目标可以是针对一家企业、多家企业、供应链、产业链甚至全社会。

我们认为,至少要实现供应链层面的优化,才能最大程度释放出物流要素整合与协同的价值。早些时候,一些制造企业例如海尔,将集团各事业部下的物流价值链给拆解了,物流各要素不再隶属于哪个事业部,而是通过拆解、共享、重新连接服务于整个集团。毫无疑问,价值链被拆解后,物流要素得到共享,其价值显然提升了。这只是企业集团内部的价值网协同,如果能够实现供应链甚至产业链层面的物流价值网协同,那价值提升就会非常可观。

关于物流价值网协同,有几个关键问题需要回答。

一是物流价值协同网络是如何形成的?二是价值网协同这种新的物流组织形式将会给商业带来什么新的价值?三是协同物流会激发出物流的何种效应,从而创造新价值?

物流价值协同网络的形成

物流价值协同网络是如何形成的？

我们认为，物流价值网的形成需要将物流放置在整个商业环境进行考察，去看未来的商业趋势。想创造更大的价值，物流需要看清大势并参与商业数智化协作重构，这是重要的商业认知。数字互联、智能化、协作、重构，是趋势的关键词。今天，我们看到很多传统行业都在往数字化进行转型。数字化转型不仅是数字互联这么简单，真正的内涵在于通过数字转型看清楚商业链路中有哪些环节是需要动手术重构的，例如减少和去掉哪些不增值的功能与环节，不同的商业角色如何重新分工与定位，如何运用数字技术重新连接激活商业各要素等。数字浪潮下，商业全链路的解构与重构将不可避免。解构，是为了去其糟粕、取其精华；重构，是在增量和有价值的存量物流节点与要素共享后进行重新连接与组合。重构需要发挥数字技术的价值，例如通过人工智能算法与技术来帮助建立物流要素的连接与调度，以支持不同商业形态的物流诉求，如 B2B、O2O、B2C、B2B2C 物流等。

当商业主体对传统产业链各环节动刀时，物流也会从原先的采购、生产和分销等价值链环节中分离出来。也就是说，各商业主体间的分段式、链条式物流分工与连接方式，未来要被重塑。

当阻断物流有效流动的闸门被打开后,也会吸引外部物流要素的加入,从而给物流业带来一场深远的变革。原先的线性串联式物流,将会向激发互联价值的数智物流网络进行演化。

物流价值网协同的关键点

物流价值网协同主要有两个关键点:一是改变信息的传递方式,将原先串联的线性供应链变为并联的数智供应网络(见图4-2);二是跨组织在相同愿景下的协作。

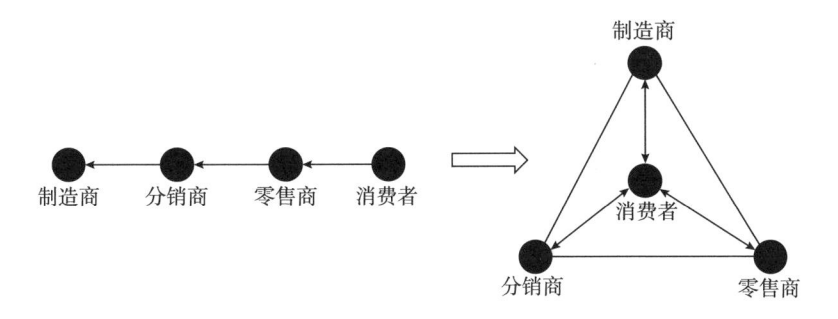

图 4-2 信息的线性串联与数字网络并联

过去物流价值链的信息传递方式是线性串联,在引发供应链牛鞭效应的同时,物流运作也受到了极大的限制。实际上,学术界很早就已提出基于信息共享的供应链及物流运作模型。受制于过去数字技术的发展以及技术应用成本的考量,在互联网发展初期,数字化对商业的渗透还局限于渠道端。如今,随着物联网、大数据和 AI 技术的发展,数字化技术将进一步渗透到产业链中的采购、生产制造与物流等环节。

当商业主体能够通过数字网络方式进行连接，原先的线性供应链就转变为数字化的供应网络。同理，物流也会从线性连接转变为分布式网络的连接方式。数字价值网络的物流形态具备两个优势：一是各商业主体对市场、订单、物流信息的了解是实时同步的，不存在延迟；二是原先的分段物流流程的局部优化会变成全流程的整体优化。

当然，理想很丰满，但现实也很骨感。

实现不同商业主体的数字化连接与协同并非易事，原因在于商业利益的博弈。数字商业时代，信息、数据本身就是财富和资产，各商业主体都希望拥有数据话语权，不愿意将有价值的资产跟他人尤其是竞争对手分享。关于数据话语权的争夺，最典型的例子就是2017年的顺丰与菜鸟互相关闭数据接口。需要说明的是，菜鸟、顺丰大战在时代演进下，只是数智商业史上的一朵浪花而已。打通数据让数据发挥出最大的数智价值，是商业的重要认知，也是不可阻挡的趋势。

协作的前提

协作的前提是组织拥有相同的愿景。

关于组织间的协作，这里简单描述一下。要实现组织间的协同，大致有以下几个关键点。

一是业务互补。业务互补性越强,组织协同的意愿就越高。例如,你是挖矿的,我是卖铲子的,双方的业务之间具有互补性。二是上下游企业的博弈能力差距越大,越有可能协同。三是利益分配机制。对于被协同的商家来说,愿意同供应链上的核心企业形成利益共同体的前提是,合作之后的商业利益大于之前没有合作的状态。

协同物流能给商业创造新价值

物流进行价值网协同,是要提升货的流通价值和流转效率,这也是物流的终极命题。

构建起新型的人(消费者)、货(商品)、场(消费场景)连接,在满足新消费的同时也能提升货的流通价值,这是重要的商业认知。

未来,新消费需求的匹配需要新物流来提升货在流动过程中的价值。商品的价值是具有时效性的,取决于在那一瞬间是否匹配到了需求;过了这个村,可能就没有这个店了。货在流动的过程中,可能升值,也可能贬值。也就是说,物流只有帮助商业建立起与新型消费需求的连接,才能实现货的价值的动态提升。在提升货的流通价值的同时,物流也要帮助实现货的流转效率的提升,这也对物流要素的高效配置提出了一定的要求。我们需要探索,物流要素如何配置,才能激发物流发挥出新的效应。

物流的协同效应

物流要素通过价值网协同的方式来进行配置，可以发挥什么效应？

答案是，协同效应。协同效应超越了工业经济时代讲的规模效应。我们对协同效应的理解是：一种在新的合作机制基础上形成的集规模经济效应、范围经济效应、管理协同效应、网络效应于一体的综合效应。

协同物流是一个什么样的组织形态呢？简单来说，协同物流就是通过创造一种协同的数字环境，让各种商业与物流组织的物流要素参与进来，形成一个可以共用、随时调用的物流要素池。这些被共享的物流要素，可随时被智能化调度。

规模经济效应

规模经济效应，是量的概念。物流重线下运营、重规模，其效率提升与成本管控需要依托货源、车辆、物流设施设备等要素的集约化利用。例如，对于卡车等运输工具来说，每年能够跑的公里数、平均装载货量、运输时效是重要的指标；对于配送中心等物流设施来说，每年能处理的包裹量、分拣的效率、配送到终端的效率是重要的指标。物流业要实现规模经济，单追求某一个环节的规模化运营还不够，还需要在保证时效的前提下实现运、仓、配各个环节的集约化运营。因为物流服务体验低下的规模经济是没有意义的，这也与新消费的需求特征是相违背的。

物流要兼具时效性和规模效应，并不是一件简单的事情，涉及集单、集运、集配，其中，集单是核心。早期，快递速度慢，主要有三个原因：一是网点能接到的单量少；二是初期分拨中心的数量少，分拣能力不足；三是省际干线主要通过铁路等方式多式联运，大多数快递还没有开通省际干线。实际上，快递的规模效应在于订单。只有订单规模增长了，分拨中心才会有动力向自动化转型，运输公司才有底气开通省际干线的公路货运。

随着订单的增长，快递要实现规模经济，关键在于包裹的集约化（例如，通过某个网点收集货物，然后将货物集中按区域进行分发）和车辆运输的规模化。网点收集货源，通过核实类型车辆送到分拨中心；发货地的分拨中心分拣后再通过干线运输到需求地的分拨中心。从这一点看，当下的运力平台都是定位在整车物流，因为一辆卡车到多个客户那里去取零散的货，然后拼车递送，这是以相当大的成本和时效性为代价的。

规模经济还可以通过外部合作上升到更高的台阶，思路是共享订单、场站、运力、线路和网点等物流要素。例如，同一业务区域的企业共享二级分拨中心，包裹就有可能越过一级分拨中心，通过"点对点"的方式直达收货地分拨中心，时效变快，运营效率也提高了。但实际上，由于竞争、技术、机制等原因，现实中很少看到这样合作的例子。

范围经济效应

范围经济效应指的是企业通过扩大经营范围,增加产品种类,生产/提供两种或两种以上的产品/服务,使通过共享要素与设施所得到的运作效率进一步提升。范围经济的核心,是多元化的业务共享与利用已有的资源产生综合效应。当规模经济效应不足时,可以通过引入新的价值点做范围经济来弥补,或者通过多元化发展（例如跨界）与原有的业务融合形成协同效应,提供整体解决方案。所以,我们看到新满帮、传化公路港这些具有广度连接能力的运力平台,都将司机这一要素作为突破口与其他服务范围进行连接,构建"金融""保险""维修"等场景,目的是形成范围经济。当下,快递公司在通过跨界布局快运业务,快运公司也在通过跨界布局快递业务。例如 2022 年 3 月,京东宣告并购德邦,此举能够补充自己直发干线网络的丰富性,也可以带给德邦仓配网络及单量的优势。对物流公司而言,通过增加新的业务,一方面可以增加收入,另一方面能和原有的业务形成协同,有利于发挥物流公司在干支线运输、分拨中心和网点等层面的要素与资源整合效应。

相比于各自独立运营,物流企业内部或之间通过业务间协同可产生范围经济效应。例如,快递与快运之间如果能够实现部分运营环节的融合,就可以充分利用现有的资源产生综合效应。顺丰推出顺丰快运和顺心捷达两大快运品牌,并进行综合物流布局;中通推出中通快运品牌;韵达推出韵达快运。但是目前,上述快递企业的快运新业务大都是另起炉灶,与原有的快递业务交集不多。原因可能是多方面的,例如融合后的管理交集问题、不同业务之间对资源的异质性要求(比如,快递包裹和快运大包裹对分拨中心的自动化运营提出了不同的要求)、不同业务/产品的定位问题等。随着仓内设备技术的发展,配送中心、分拨中心等重要节点的运营会往柔性化方向发展,不管是大件、小件的分拨还是整箱产品的仓配一体化运营,都可以在一个仓内实现融合。当"仓"、"运"和"配"等资源也可以实现某种程度上的融合,物流业的运营就实现了范围经济效应。

再举一个例子,将商品按时送到家是一种价值,但如果能够叠加更多元的价值给消费者,是不是更具有商业竞争力?例如递送沙发、柜体等家具的师傅团队,能够当场将沙发、书柜、床柜组装起来,就可避免消费者在家面对柜体要等 1~3 天才有另一波师傅过来组装。通过培训送装一体的师傅、设计易组装的产品,能够提升物流业者的多元附加价值,提高消费者的整体满足程度。

管理协同效应

物流要素、业务之间有意愿进行协同,可以实现企业管理能力的转移。管理能力转移可以使管理能力欠缺的角色得到补充，提高资产管理的效率。通常管理能力较强的都是大型企业或技术和商业模式背景出色的平台型企业，这类角色可以将自身的技术、管理能力输出给商业合作伙伴，帮助全链路的管理，产生管理协同效应。例如，菜鸟电子面单帮助快递企业实现对收、发、转、运、派等全链路作业环节的协同管理。

网络效应

网络效应指的是在众多使用者通过一个商品或平台互动、彼此贡献价值时，每个使用者都觉得自己的使用效用有所提高。连接和参与互动的物流角色数量越多、种类越丰富，产生的协同网络效应就可能越强大。例如，如果有一个平台能将通达、顺丰、京东、德邦、极兔等的递送信息都汇集展示给消费者，消费者能够通过一个平台查找所有快递（而不是打开好几个 App 查看），消费者的使用效用会大幅提高。同时，众多快递公司的小件员若能实时了解丰巢快递柜的使用情况，比如还有没有空柜、什么时候有空柜，也对规划递送时间与路径有帮助。

作为比较，滴滴出行协同的是司机和乘客，互联网 + 物流平台协同的是托运方和承运方。目前，两种角色之间关于目的地、价格的互动也较为简单，网络效应有一定局限，如果能够通过多种交通工具进行协同连接，就能为各方带来价值。例如，乘客乘高铁到站后马上能走到下一层搭地铁，到达距家里最近的站点后，平台按即将到达时间匹配专车接送到家，全程无缝连接，为乘客省钱，为司机规划路线，为社会降低空污能耗。当然，需要协同多少个物流角色，取决于商业端对物流服务的具体要求；能够协同多少个角色，取决于物流商业模式本身。一般而言，单纯的货物批量运输、仓储等需求，只需要协调"运"或者"仓"的角色。稍微复杂一点的是，将货物送到某个区域进行仓储，然后根据订单进行各个终端的配送，需要协调"运""仓""配"等角色。越是全链条的物流服务需求，需要协调的物流角色就越多。一个完整的供应链物流全流程，需要协调货源方、渠道商、仓库/配送中心/分拨中心经营方、运输公司/专线、落地配、网点、司机等角色。如果是跨境供应链运营场景，则需要协同更多的角色，如海关、货代、港口、检验检疫等。当所有的运力环节与要素能够相连相通时，所有的使用者都受益于全市场、全生态的大规模网络效应，没有连接进入这个大型供需网络的乘客或司机犹如被世界抛弃。

商业与物流数智化协作的产业组织重构

物流产业组织重构方法论：增、减、除、创

商业的全链路变革，必然会引发物流价值链各环节与活动的

解构与重构。物流重构需要借助数字算法对全链路、全网物流要素与组织方的价值进行具备未来观的评判。这个评判的视角需要跳出物流看物流,从商业演变趋势看物流。未来5~10年,商业会朝着哪种主流的形态走?如果未来的经济属于存量经济,那么质量与效率将会取代流量成为未来商业的关键词,产业互联网将会是未来的商业主流。因此,物流的重构也需要将自己置身于从消费互联向产业互联、从数字化向数智化、从传统能源向新能源转变的经济与产业浪潮中去评估,看看需要增加哪些物流角色与要素的比重,哪些活动应该减少,应该去除哪些环节,以及还需要创造哪些新的物种与要素。

"增"指的是原价值链上已有的环节或要素,在未来会扮演更重要的角色或在数量上有所增长。例如为了打造全网可视化、数智化运营与管理的物流网络,物流的统领方可以对物流要素与节点进行数智升级。例如,在货运场站、物流配送中心等物流应用场景,引入数智化的无人车、无人仓、物流自动化设备、物联网智能设备、智能自提柜等新的物流要素,或者对传统的物流要素进行数字化、智能化升级,导入数智化运营,帮助提质提效;在同城零售、产地直供模式下,增加冷链仓、前置仓、网格仓、产地仓、小型货车、电动车、新能源车等,开展物流新业务、新模式,为客户提供更全更好的解决方案。

"减"指原价值链中不高效或拖后腿的要素,在未来应该减少或降低其重要性。在物流的社会化解构中，一些因历史原因而存在但价值不高的物流要素与角色，会在新时代的物流重组中被淘汰或被整合。例如，散乱的卡车、司机等传统的物流运力会结构性减少（这里不考虑 GDP 增长的原因），一些不具备规模优势又不能适应市场变化的传统物流组织者会被市场淘汰出局。物流运力结构性减少，主要有三个原因：一是国内的卡车、货车大都掌握在散兵游勇的个体户（司机）手中，他们迫于生计购车来跑长途和短运，在需求信息不对称的情况下出现过剩是正常的，有点类似于我们现在制造业中常说的"产能过剩"；二是行业颠覆性物流要素，例如无人车的广泛应用，会引发竞争替代效应；三是物流的网络化组织方式提升了车辆的运营效率。

随着物流业的技术与机制升级，产业层面的整合导致物流的头部效应越来越明显。由此可推断：数量庞大的专线企业、单一功能的运输与配送企业、区域型网络物流企业等传统物流角色未来会大幅减少。专线物流承载了中国公路九成以上的运输业务，在新一轮的物流产业一体化转型与整合中，有些由于缺乏竞争力被淘汰出局，有些则被平台化、网络化整合。相关数据显示，近几年，上海的专线物流企业消失了近两成。单一功能的物流企业，由于在数字化能力、规模化、资金等方面先天不足，要么转型成功，要么被淘汰出局。区域型网络物流企业由于不能开展全国性的物流端到端服务，在全网型快递与快运企业、同城物流企业的夹击下，生存日益艰难，整合、联盟是大势所趋。例如，壹米滴答就是一家由多个区域网络型企业联盟共同打造的全国性零担快运头部企业。

"除"指的是原价值链中存在的环节或要素，未来会消失或被淘汰。例如，高油耗卡车、无法发挥现代物流价值的仓库，未来可能消失不见。在仓配一体化大趋势下，一些选址不佳、建筑设计高耗能、没有经过数字化改造的传统仓库在物流价值链路中的价值越来越低。更长远地看，未来所有不在物联网里、没有被数字化的物流要素都会被淘汰，这是趋势。我们已经见证了手写面单的消失，取而代之的是电子面单，未来，说不定连面单这种纸制品都会因环保考量而被去除。

"创"指的是创造出原来价值链中没有的新物种、新角色。例如物流的数智化重构离不开物流要素的高效整合者。物流要素的创新整合者，是能够对各种物流要素、物流角色进行协同的智能角色，能够将各类物流要素如运力、分拨中心、仓、网点进行数字化、智能化的衔接与协同。目前，在物流领域，这样的角色还少。菜鸟网络算是一个新创的物流角色（欧美没有类似的企业），利用数字技术协同了快递、仓配一体化、落地配、快递员等。壹米滴答，除了其联盟组网的商业模式创新外，在运输领域的数字化创新也是一个看点，承担了区域网、全国网和大包裹快递等三网在网点、线路、分拨中心的工作，但要解决由于包裹重量的差别而产生的分拨中心操作不同的问题,需要运营融合提升整体效率。

随着数智化时代的到来,物流要素、环节、角色将会面临一番"增、减、除、创"。其中,值得注意的是"创"的部分,预期出现的新物种是物流要素的创新整合者。新物种,既可以是新进入市场的新兴企业,也可以由传统物流企业转型而来,这个角色的关键在于数智化和协同的能力。无论是新进入者还是转型者,打造数智物流需要领导者和管理者进行认知上的升级。毕竟做一个头牌跟做一个平台的角色,其认知与思维、价值观体系、战略打法及路径、管理方式都是不同的。

商业与物流数智协作趋势下的新物种

全链路、全渠道的商业场景,是物流施展抱负、发挥最大效应的练兵场。

罗兰贝格管理咨询公司在其发布的关于新零售物流的报告中指出:"新的商业业态下,物流服务提供商具备更为清晰的分工与紧密的协作,供应链整合者、运力提供商及物流基础设施提供商三类物流玩家将分工协作、主导市场。"[1]

---

[1] 罗兰贝格,《新零售下中国物流企业的应对之道》,2018年7月。

运力提供平台的崛起

运力提供商包括传统模式的运力提供方,也包括从事运力整合的平台型运力提供方。运力主要集中在干支线运输、城市物流配送、即时配送及专业冷链运输配送等细分领域。运力提供商在物流生态圈中扮演的主要是苦力角色,小部分是平台整合者的角色。

当下,数字货运平台正在崛起。这些平台通过整合车辆为社会提供稳定的运力保障,例如运力的组织与调度、线路规划、车队管理等。在此基础上,各大平台引入了各种新的角色,例如加油站、修理厂、银行与保险公司等,并与原先的双边角色(车队/司机、货主)构建起新的连接,进一步完善了平台生态。

需要指出的是,传统模式的企业也有可能依托供应链整合平台生态的赋能,孵化成为细分物流领域的平台。未来,在供应链平台上会有更多类似新满帮、滴滴重货等数字化运力管理的角色被孵化。关于数字货运平台的发展状况和典型案例介绍,参见下一章。

物流基础设施提供商

物流基础设施提供商包括物流仓储提供商、物流应用设备提供商及物流科技企业等。物流生态圈中,其核心竞争力主要体现为土地资源获取能力、仓储网络规划布局能力、货物装卸与搬运的自动化、货物的智能化分拣与打包、柔性供应链技术及物流设备研发应用能力等。传统的物流基础设施提供商需要数智化赋能提升作业效率。关于数智物流新基建，可参考第三章。

数智供应链整合者

所谓数智供应链整合者，指的是具备商流基因、物流基因、数智基因的供应链集成服务商，或者称为供应链平台。可以这样理解，整合者就像集线器、路由器，可以分解出很多支线与各方资源进行数智连接与协同。数智供应链整合者是商业生产、分销与物流领域的信息采集、储存与分发聚集点，依托强大的信息流来整合商流、客流和物流。淘宝、京东、拼多多、微信、美团、抖音等平台，由于构建起了人与人、人与信息、人与物的超级连接，可以认为是一种超级供应链整合者。罗兰贝格认为，供应链整合者是新物流业态中的超级玩家。当然，一些新创企业，例如提供 SaaS 服务、货源对接与连接服务的新兴企业，也是供应链整合者。另外，传统行业的品牌商如果能够将自身的供应链变革经验进行拔高并赋能其他行业，能完美地帮其他企业进行方案落地，也可以做到向供应链整合者的角色转型。例如，我们可以认为"阿里巴巴+菜鸟""京东+京东物流""美的+安得"就是供应链整合者。

数智供应链整合者具有以下特征：服务协同、要素整合、多方联动、网络外部可扩展等。其核心能力主要体现在订单与数据驱动、供应链计划与执行，以及三方资源整合等方面。供应链整合者可以协同整合多边的玩家（物流服务提供商）和其他各类组织（如海关、税务部门、金融部门、物流主管部门等）的服务资源，共创数智化物流服务生态，为用户提供集在线物流运力交易、仓配一体化、最前和最后一公里服务、物流总体方案设计于一身的物流服务。商家可以依托平台的数据智能进行需求预测、生产备货。各类物流提供商可以依托平台提供的基于物流订单任务打包、需求分解和资源分配的算法技术支持，接受物流调度。

在三类物流新物种中，运力提供商和数智物流基础设施提供商是核心参与者，数智供应链整合者是主导者和引领者。做到供应链整合之大成者并不容易，需要协同多边参与者一起做事，一方面自身要同时具备强大的商流与物流基因，另一方面在整合过程中需要突破一些大的阻碍，例如：（1）在协同运力提供商、物流基础设施与设备提供商时，如何进行利益分配；（2）如何取得物流参与者的信任（参与者会考虑加入供应链整合者生态是否会变得更好，并存在对数据安全的担心）；（3）供应链整合者在商业重构中，会给原来链路中的某些角色如经销商带来商业利益的损失，例如一盘货的变革打破了经销商原有的"吃差价"赢利模式；

（4）数智技术在商业与物流重构中，能否立竿见影地提升利益相关方的能力与价值，带动生态圈升级。

数智供应协作网络的发展

作为一种连接商业与市场的产业组织结构形式，供应链扮演了重要的角色。随着数智技术在商业中的逐渐渗透，商业竞争的着力点逐渐从线性供应链走向数智供应协作网络。未来的竞争，已经不是供应链与供应链之间的竞争，而是协作共创。在数智供应协作网络的商业世界里，不同商业角色之间的关系不再是过去此消彼长的零和博弈，而是彼此携手、相互赋能。可以预见的是，数智供应协作网络将会成为未来产业组织结构的演化方向。

在数智供应协作网络中，大概会有三种重要的角色通过数智化方式进行紧密协作。这三个角色分别是供应链整合者、商业角色和物流角色。在数智协作的商业世界中，物流可突破原有条条框框的桎梏，实现"所想即所得"的模块化组合，助力商业"更快、更准、更高效"。

以下是对物流在数智化协同网络中运营场景的想象。

假设一个完整的2C商业运营由五个角色来共同完成，分别是供应链整合者（提供订单接口、数据智能及与各方的协同）、品牌商、消费者、运力提供商（提供卡车及司机、货车及司机、快递小哥的运力调度服务）、物流基础设施提供商（提供物流基础设施，如仓库、港口、铁路、公路等的运营）。如图4-3所示，供应链整合者为各渠道方（包括平台商城、线下门店、社交与内容电商、超级导购等全渠道）提供了订单和连接接口。消费者通过各种渠道入口向供应链平台下订单，订单信息也会通过平台提供的各种API同步到品牌商、运力提供商和物流基础设施提供商。同时，运力组织和仓内运营等物流作业调度等信息会实时同步给平台，供应链整合者为物流参与方提供数据和AI应用算法支持。算法的内核机制是保证高效。

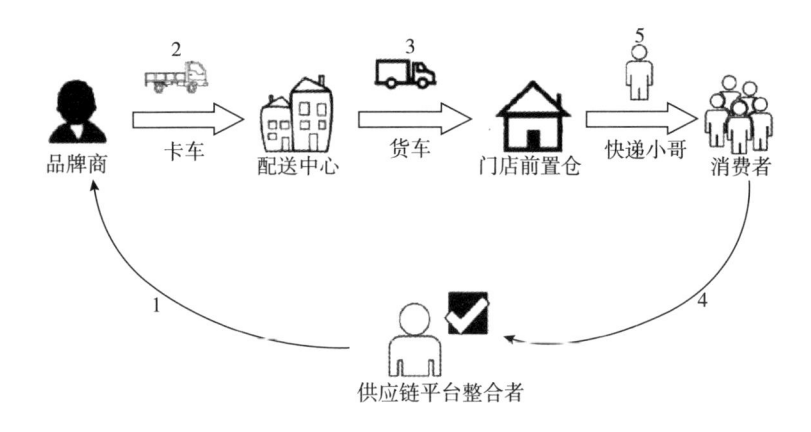

图4-3 数智供应协作网络下的物流运作

以下分为三种情景来说明。

情景1：消费者下订单时，品牌商开始生产制造。

情景2：消费者下订单时，品牌商的货已经布局在配送中心。

情景3：消费者下订单时，品牌商的货已经布局在门店/前置仓。

其中，品牌商的生产、库存水平设置接受了供应链整合方的算法指导建议。

从物流速度（快）来看，情景3优于情景2，情景2优于情景1。

从供需匹配（准）来看，情景1优于情景2，情景2优于情景3。原因是提前生产制造以及库存前置，都是有资金积压与浪费风险的。

当下的新零售商业属于情景3，在供需匹配精准的前提下将货进行前置。这里有两点启示：一是数据驱动下的生产与备货，是供应链整合者提供的一个重要的赋能点；二是商业智能是物流数智化运营的前提。

想象一下未来商业与物流之间的互动。（1）数智供应链整合者通过预测数据指导品牌商生产、备货，然后将此信息同步给平台上的多个运力提供商和库内运营方。当这一小批量产品快要生产完下线时，平台把这个信息同步给多个数智运力平台，经过算法自动寻优，发现一辆卡车正在驶往工厂的方向，且离工厂是最近的。于是，智能算法调用了这辆卡车，短时间内卡车到达工厂。如果有两辆车都处于类似的状态，为确保公平，平台优先调用当天还没有被安排过的车辆。（2）厂内的一个智能机器人正好空闲，给这个机器人下达装货的命令；装货完成，车辆启动。（3）满载货物的车按智能算法依据当天天气与实时交通状况算出的最优路线驶向一个经过寻优的配送中心（这个配送中心目前可能相对空闲，也可能是加工处理的能力较强），快要到达目的地时车辆传感器向仓库发出指令，仓库提前安排可供货物卸货的月台，卸货机器人也会各就各位，移动、入库、分拣等动作一气呵成。（4）当包裹分拣完毕，数智运力平台上被调用的一辆货车恰好到达，装货、车辆启动，驶向门店/前置仓。（5）消费者下订单。（6）数智运力平台通过众包派单的方式，安排就近的快递小哥或快递机器人取包裹并送货上门。

在未来的数智化协作网络运营场景中，供应链整合者、品牌商、运力提供商、物流基础设施提供商、物流机器人等角色进行数智化协作，以柔性、高效的方式完成了一件包裹的全旅程。

供应链整合者一方面为供需匹配的"准"赋能，另一方面为备货提供数据指导。运力提供商和库内管理方接受供应链整合者的数据赋能与资源整合，保证了运力的智能化调配、路线的最优选择和仓内运营与整个供应链物流环节的无缝连接。运力提供商和包括库内运营在内的物流基础设施提供商，共同决定了物的"快"和"高效"流动，如图4-4所示。在不同角色的协作下，包裹的全旅程通过数智化连接和互动的方式实现仓、运、配、装卸与搬运的无缝连接。

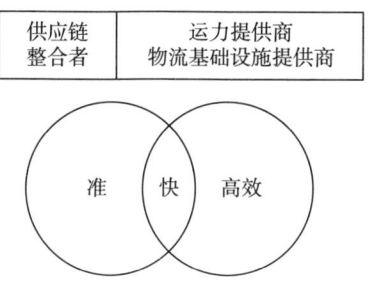

图4-4　数智供应协作网络助力"准、快、高效"

商业进化中的仓、运、配、端重构

物流的连接与重构

物流的重构本质上就是商业进化中物流要素与节点本身及其连接方式的重构，从而将货（商品）与人（消费者）更好地匹配，如图4-5所示。货与人的物流匹配方式各种各样，在不同的时代也会呈现出各自的精彩。前文描述过，工业化时代，铁路与集装箱的出现极大地推动了商业进程，铁路加速了连接，集装箱加快了货物在港口装卸搬运等物流处理的效率。随着高速公路的大发展，沃尔玛在20世纪60年代通过毛细血管式的公路来连接商业，利用新的连接方式开辟了全新的小镇零售连锁商业模式创新。70年代，沃尔玛对仓库这种传统的物流要素与节点进行变革，通过引入自动化技术将仓库改造成配送中心，并利用电脑来管理配送中心的运营，极大提升了货物的流转效率。

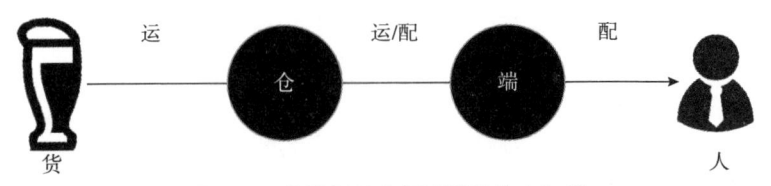

图 4-5　物流通过仓运配端连接人与货

数智时代，物流节点本身及其连接方式也在持续进化与重构。除了过去通过铁路、公路、港口这种物理式连接拉近时空，数智技术这种虚拟连接也可以帮助物流实现更好的物理连接。RFID、AI 和物联网技术，让铁路运营中心、公路枢纽、水运港口等物流节点的操作效率大幅提升。

在商业进化中，物流节点本身也在发生变化。过去，港口、码头是重要的物流节点（当然现在也是），但是我们现在看到物流节点的重要性权重在发生转移，各种形式的可供有效中转、货物分拣的仓库与配送中心等节点越来越成为物流运作的关键。当下，产地仓、中心仓、分拨中心、前置仓、网点等各种类型的仓如雨后春笋般冒了出来，还有门店这种传统上我们认为的售卖场所也被赋予了物流的功能。

这些新物流节点出现背后的逻辑就在于商业进化。工业时代，货物大批量流转与分拨，仓的主要功能是储存；然后，通过卡车来连接工厂（货）、港口与中转仓，再通过货车来连接仓与门店。现在，需求越来越呈现碎片化、小批量的特征，过去的连接方式已经失效了。简单解释一下。如果有一大批货要从杭州送到北京，找一辆车拉过去就好了；如果量再小点，如1/4批量，就需要有一个仓或转运中心暂存货物，等其他地方来的货物进行拼货。那如果只有一个包裹呢？显然一个周转仓不能解决问题。我们需要在产地与销地之间加入其他物流节点，例如中心仓、分拨中心、前置仓等，充分发挥规模经济效应。

为什么需要新的连接？

答案是，物流价值观的变化。

需求与订单的变化对货物的连接方式提出了新的要求。例如电商物流通过"中心仓+区域仓（或网点）"、快递通过"分拨中心+网点"、即时物流通过"区域仓+前置仓（或门店）"的连接方式，来匹配变化的订单与需求。连接不同的背后是不同的物流价值观。例如，即时物流的价值观是时效比成本的权重大，快递的价值观是成本比时效的权重大，电商物流（如仓配一体化）的价值观是时效与成本的平衡。

影响时效权重的因素有很多，例如商品的品类（如生鲜品、流行服装）、商品的价值与体积和重量的比例（如手机）、需求特征（如即时性需求）等，需要货与人的连接更具时效性。当然，不谈成本只谈时效也不符合商业的逻辑。我们需要做的就是，在特定的时效性要求下，通过连接合适的物流节点将货的流转成本控制在合理的水平。

仓与货的连接重构

数字商业时代，仓的主要功能不再是储存，而是流通、加工与配送。换句话说，"仓"这个物流节点的功能如果不转变就不会有"配"这个物流线路的产生，物流节点本身决定了车的流向与线路的产生。新的物流节点加入进来，目的是重构物流节点之间的连接链路，从而建立起货与物流节点、人之间的柔性与高效连接。需要指出的是，物流连接不仅是物理层面的运输与配送，还包括数智层面的连接，这种虚拟连接的意义甚至超越物理层面。例如，商家在考虑将一批货布局到某一个区域，其重心可能不在于运输过程本身，而在于规划好要送多少货以及货在不同仓库如何做好分仓，这是虚拟意义上的连接。

多元的消费结构、区域与渠道的订单流量差异，导致订单结构、产品 SKU 结构在持续变化。订单与产品结构的变化，要求货与仓的连接方式能够及时升级与迭代。例如，需要增加、减少、去除和引入何种类型的仓？仓的连接方式如何动态调整？货在不同类型的仓中的布局如何调整？从哪个仓进行调货与补货，以及补多少货？这需要企业能够将货在全链路进行数字化打通，并结合历史数据、销售计划、服务要求采用科学的建模工具，开展数据建模与分析决策。要提升货与仓的连接，做好智能分仓与补货，离不开数智技术的赋能。

实践中，为应对渠道的多样化、特定商品在特定季节与时间波动的特点，分仓库存的设定需要保持一定的灵活性和稳定性。一般而言，前置仓的货品是为了满足短期（1~3天）需求，库存要保持一定的灵活性；总仓与区域仓需要保持一定的稳定性，以确保对下级仓补货的持续性。另外，在不同类型仓的库存设置上，不同的需求类型差别也会比较大。例如，针对高频次、即时性需求或者对保鲜要求较高的商品，一般倾向于从区域仓、前置仓就近发货；而对于低频消费和计划性需求，一般倾向于将更多的货物布局在总仓，当需求和订单实现时再从中心仓向前置仓或网点进行补货。例如，我们在盒马鲜生、叮咚买菜下单，发现部分货品需要在第二天才能到货（从城市分选仓补货到前置仓），原因是预测短期需求难度大。

值得注意的是，上述例子中的盒马鲜生与叮咚买菜属于掌握货权的一方自己在做渠道，但更多的品牌商在借助各类渠道（如代理商、经销商、门店以及在线渠道等）承担分销与物流工作时已将货权转移了。这一章的开篇，我们提到因为商业的断层，货物无法按照合理的方式进行流转，主要还是因为商业链路中的交易与分工方式所带来的货权问题。货权不统一，就不会有上面提及的智能分仓优化。

总结而言，仓与货连接重构的核心是要解决货权问题和分仓的数智化决策水平。

物流节点重构

物流节点有多种类型，有转运型节点（包括铁路线上的货站、港口、码头、空港等）、储存型节点（包括储备仓库、中转仓库等）、流通型节点（流通仓库、配送中心）等。其中，转运型节点和储存型节点更多是政府和社会层面的长周期规划与标准化建设；流通型节点更多是企业来规划的中小型仓库，灵活性强，数量众多。伴随互联网电商20多年的发展，流通型节点发生了巨大的变化。流通型主流节点主要有中心仓、产地仓和前置仓。

中心仓

中心仓实际上就是配送中心，是物流网络中的枢纽型节点。中心仓一般要距销售主市场较近。例如，京东在华东区域的中心仓就建在上海，一方面本地订单量大、配送成本低，另一方面可近距离辐射到江浙一带。中心仓的功能主要是储存、流通分拣与配送。中心仓执行仓配一体化服务，通过提前备货到中心仓，在收到订单指令后快速进行仓内分拣并分发到执行最后一公里配送的网点。

在电商发展初期，大家认为京东物流很快，但实际上并不是因为京东的运输有多快，而是因为京东在全国各中心节点城市中心仓建设的密集规划与布局，可以近距离辐射到区域市场。美国自营电商平台亚马逊，也是基于同样的逻辑。仓储方面，亚马逊自营智能仓储，大规模建设仓储物流中心，在全球20多个国家建设100个大规模的仓储物流和订单执行中心（FBA, Fulfilled by Amazon），为其成为全球电商行业的龙头奠定了基础。当然，中心仓模式并不一定适合每一家商业主体。例如，对于一个中小商家而言，若订单与需求不稳定、消费体验还没有上升到企业战略的高度，这时采用中心仓来连接，一方面缺乏运营的规模经济，另一方面在交易完成之前就提前备货到仓可能造成库存积压，此时，拿到订单后再用快递发货是较好的选择。

相较于自营电商京东先人一步做仓配一体化，平台电商阿里巴巴在聚焦发展电商十年后也把物流作为提升消费者体验的重要手段。2010年，淘宝网对外宣布实施"淘宝大物流计划"，联合仓储、快递等三方物流企业并通过自建仓的方式整合物流服务。2011年，淘宝将物流战略聚焦于"IT+实体网络节点"建设，投资100亿元建全国性的仓储网络平台，这也是此后菜鸟网络的雏形。和京东、亚马逊等自营物流体系相比，菜鸟网络的物流模式更具开放、协同的特征，其最大挑战就在于淘宝平台本身并不掌控货源和货权。换句话说，说服商家将物流的路径进行转移不是一件容易的事情，这涉及平台和商家信息系统的对接、商业利益的重新分配等跨组织协同问题。尽管菜鸟网络物流体系的构建是通过数字化技术以"轻模式"的物流资源整合与协同为主，但是和京东、亚马逊、苏宁的自营物流体系一样，在各中心节点城市拿地建仓都是"重模式"选择，其背后反映的是"中心仓"在物流履约中的重要性。

在存在枢纽节点的物流网络中，网络的结构由枢纽型节点支配。由于枢纽节点和非常多的节点有连接，从而使得物流网络中的任意两个节点之间可以形成连接。作为稀缺性的物流要素，又有季节性峰值的波动，枢纽节点难以通过市场化机制从外部确定产能。现实中，中心仓一般是自建的。

产地仓

产地仓是离上游工厂、产地较近的仓，与中心仓/分拨中心相连。产地仓一般是在制造业产业集群地或主要的农业产区就近设立，供应商/商家就近送货入仓。其好处在于，原来多对多（MN）的物流线路变成多对 1 对多（M1N）的物流线路，规模化与集约化特征明显。另外，对于农产区来说，产地仓还可以起到集中预冷、加工的作用。一般而言，从事生鲜蔬菜、水果流通的企业，产地仓已经成为其标配，例如面向农贸市场的 B2B 平台宋小菜、面向中小餐厅的 B2B 平台美菜网、面向生鲜企业的冷链物流服务平台九曳供应链，都选择在全国主要农产区建设产地仓。菜鸟为了支持群聚在产业带的工厂能够更快、更省地完成订单履约，于 2017 年 6 月在广州茂名建立了第一个产地仓，以保障当地数万吨荔枝的产地预冷、加工和全程冷链运输。截至 2021 年，菜鸟已在全国 100 个核心产业带建设产地仓并提供仓配一体化服务。京东于 2017 年 5 月在南通建立全国首个家纺产地仓，距离当地家纺城 20

千米，一期规划面积为5万平方米。京东南通产地仓，首批入驻商家包括罗莱、富安娜、北极绒等多个家纺品牌的数万种产品，以解决商家供应链及库存周转问题。①

前置仓

前置仓是离消费者较近的仓，一般与区域仓、城市仓相连。依社区电商的发展对配送时效的要求，将前置仓作为物流配送的起点似乎是唯一的选择。前置仓有些是新建的，有些是把便利店和餐饮店的功能进行拓展。新建的，比如叮咚买菜、朴朴超市等在社区自建前置仓，盒马鲜生则有些另类创新，其门店集餐饮、超市、菜市场、配送于一体。拓展的，比如美团、饿了么赋予便利店、餐饮店前置仓的功能；实际上，这些天然存在的门店为社区平台商业的3公里到家配送服务提供了一个绝佳的仓配点。同样，银泰、大润发等线下商场与超市，现在也被改造成"线上下单、线下配送"的发货点。所以，我们可以认为围绕社区提供的商业服务，实际上是一个对既存的仓储资源进行整合的数智化仓配平台，同时这些门店的实体空间还提供了个性化的产品加工和仓储服务。

---

① 贺璐，《缩短智慧供应链，"产地仓"布局各显身手》，物流沙龙，http://www.logclub.com/articleInfo/NzAz? uid = 13433&stamp = 1641549371349，2018 - 09 - 14。

端

需要说明的是，随着城市最后一公里的配送量增大，物流链路中增加了一种新的角色，例如驿站、自提柜等。作为连接网点与住所、工作场所之间的"端"，其出现并非为了提升物流效率，而是为了方便消费者，因为快递小哥的送达时间与消费者方便提货的时间难以匹配。除了驿站、自提柜这种增量角色，像社区门店、小区物业、社区团购中的团长等存量资源也被挖掘出来。未来，随着数智信用的出现，私家车的后备箱也有可能作为一种新的"端"被发现和利用。需要说明的是，我们也可以认为前置仓就是连接消费者的重要端口。

相比中心仓，前置仓与端这类节点数量众多，大多以存量的方式存在，我们需要做的就是重构连接。

物流线路与网络重构

如前所述，商业的持续进化需要重新匹配人与货的物流连接方式。如何将人与货的连接做到柔性和高效，进而在引领新消费的同时提升货的流通价值以及货物的流转效率，是数字商业进化的重要主题。

货的流通价值提升在于需求出现的那一刻就能立马被满足，所以要"快"；货的流转效率提升、能够"省"，在于改进物流要素的配置及其连接方式。为此，我们需要重塑物流要素与节点之间的线路与网络连接方式。何为网络？网络是由若干节点和连接这些节点的线路构成的。如果节点不变，只改变节点之间的连接方式，那么物流网络的变化主要体现为物流线路连接的变化。如果节点也在动态变化，那这个网络的进化优化就会比较复杂。

物流的线路不仅体现为运、配这种物理形式上的连接，也包括货与物流要素和节点（例如各种类型的仓、卡车、货车、司机与快递小哥）之间的虚拟连接。虚拟连接可以让物流的连通做到透明化（如物流全链路的通透）、信息对称化（如货与车、司机的匹配，包裹与快递小哥的匹配）、价值可量化（如各种物流要素在流程中的价值与贡献都可被看清楚）、可优化（如调度哪一辆车、哪个快递小哥可让运输与配送的连接更快、更省成本）。

物流线路与网络的重构路径

物流线路与网络的重构，可以选择分三步走：一是物流要素的数字化和智能化改造，具体见上一章；二是利用软件或云系统将物流链路打通，做到流程与运营情况的可视化；三是利用数据智能帮助实现物流要素（如仓、卡车、司机等）的合理调度与实时优化。

做到了第一步和第二步，就可以对物流要素和流程进行管理赋能；做到了第三步，就可以实现决策赋能。相比管理赋能，决策赋能可以更深刻地改变物流要素的配置与连接方式。比方说，当管理者借助数据智能的推荐发现流程有不合理的地方与可改进之处，比如某个环节在减少一辆卡车或者增加一辆卡车的同时可以省去一个仓库，而且不影响货物的配载和出入库的效率，那么接下来要做的就是对原来的线路与网络动刀。

以下是雀巢中国对运输网络进行重构的做法，可供借鉴。

2021年8月，雀巢中国将其原先的运输管理系统（于2019年6月推出[①]）升级为数智运输枢纽中心（T-Hub）。在供应链物流业务数字透明化的基础上，通过数智化将物流中的仓储、运输进行协调和统一调度，为承运商协同管控提供了数字化管理工具。[②] 运输管理系统将雀巢的工厂、配送中心、线上和线下各渠道的物流节点打通并进行实时监测，各环节的信息通过易流科技的云平台集成，形成一张虚拟的动态物流网络并可通过可视化看板展示。雀巢企业管理方可以方便地了解特定区域的订单量、库存、到货率，以及特定时间内货品配送的动态变化情况。同时，运输管理系统通过接入菜鸟的数据分析与云计算系统，实现订单销售预测的智能化、物流运输线路优化和智能配载调度，最大化货物、卡车、司机、渠道的协同效率。雀巢大中华区运输经理李欣捷认为：

---

① 《雀巢与易流携手，让数字化技术打通供应链物流脉络》，砍柴网，https://baijiahao.baidu.com/s?id=1643724534788190403&wfr=spider&for=pc，2019-09-04。
② 《易流助力雀巢T-Hub数智运输中心上线!》，万联网，https://kbase.10000link.com/newsdetail.aspx?doc=2021112290008，2021-08-06。

"由运输管理系统推动的数智化物流的发展,可以影响商业决策、引领企业生产,未来将成为雀巢企业成长的重要驱动力。"[1] 实际上,雀巢物流全链路还有升级的空间。比方说,品牌商掌控货权,绕开多渠道层级的仓,将货与人连接的物流链路简化为三级(例如从品牌方到中心仓、从中心仓到区域仓、从区域仓到门店)甚至两级,这里的可想象空间还是很大的。难点在于这是一台更大的全局"手术",涉及品牌方与经销商、门店与物流方等角色之间的利益如何重构的问题。

除了品牌方的线路重构,实际上对于经营线路与网络的专业物流企业来说,同样如此。我们把快递链路拆开来看,有 6~7 条物流线路,包括快递员与货(上门取货)、货与网点、网点与区域分拨中心、区域分拨中心与总分拨中心的线路等等。这些线路连接也不是绝对固定的。例如,货也可以由商家批量送到网点或区域分拨中心,跳过总分拨中心让两端(发货端与收货端)直接连接。对此,可能会有反对的声音,将两端的区域分拨中心直连的货运量还达不到规模,那未来有没有可能通过区块链帮助解决"信任+效率"的问题,使不同的快递经营者将线路合并?所以,将快递业看成一个整体,线路与网络的大范围重构非常值得期待。

---

[1] 《雀巢数智化物流,科技赋能创新转型》,36 氪,https://baijiahao.baidu.com/s?id=1642540396468704058&wfr=spider&for=pc,2019-08-22。

以上，我们分别以品牌方与快递经营方为例来说明物流线路与网络的重构。这两个例子有个共同点，要大幅提升物流重构的效率，重心在于控货，因为货源决定了物流的流向。虽然物流的做法可以影响货的流向，但当物流的发展还不能左右商流的时候，货向哪里流动取决于需求。例如，快递的做法是哪里有消费者的订单，就帮助将货与消费者的匹配效率不断优化。明确了这一点，我们大致可以得出一个结论：物流重构的目的是帮助货物实现合理的流动。对于物流经营方来说，就是要拿出一套集成化的货流解决方案。例如，对于当下的数字货运平台方，不仅要做好车源与货源的匹配，更重要的是建立起将卡车与供应链（如从原材料供应商到制造商、仓库、分销商）进行数字化集成的货运解决方案。数字货运平台方、车队管理方、卡车与货物托运人（如制造商）、客户（如制造商、分销商）等角色之间的连接与交互方式，在很大程度上决定了货物流转的效率。

卡车的数智连接引发货运行业角色重构

卡车是货运的连接器。未来，卡车将会融合传感器、物流通信芯片、车-车通信、远程诊断、自动驾驶等各种技术，通过数智化方式连接货物。例如，卡车本身将能够通过传感器确定其可用空间、重量以及预定路线、预计到达时间和其他相关信息，并将此数据传送到数智货运平台等，如图4-6所示。①

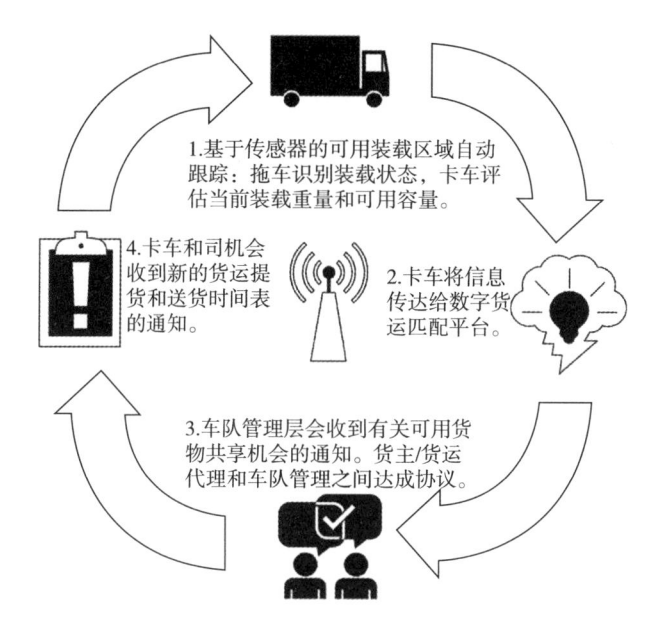

1.基于传感器的可用装载区域自动跟踪：拖车识别装载状态，卡车评估当前装载重量和可用容量。

2.卡车将信息传达给数字货运匹配平台。

3.车队管理层会收到有关可用货物共享机会的通知。货主/货运代理和车队管理之间达成协议。

4.卡车和司机会收到新的货运提货和送货时间表的通知。

图4-6 货运匹配信息流

随着云的数智化解决方案上线，任何一辆卡车都可以实时数字化在线并能够被识别、调度和优化。连接重构，将会引发货运价值链的变革与行业角色的重构。例如，卡车制造商原先的角色就是生产制造，一般不直接连接货运市场。但是，随着数智连接

---

① G. Nowak, J. Maluck, C. Stürmer, J. Pasemann, The Era of Digitized Trucking: Transforming the Logistics Value Chain, www. strategyand. pwc. com/gx/en/insights/2016/the-era-of-digitized-trucking/the-era-of-digitized-trucking-transforming. pdf, 2016.

成本的大幅降低，卡车制造商有可能在数智货运领域粉墨登场；没有数字化能力的运输组织方、货运经纪人和物流经纪人等中介组织会慢慢消失。一方面，数字化卡车技术的发展使得卡车制造商进入市场参与货运运营的门槛降低；另一方面，货运效率的提升减少了卡车的数量，也迫使卡车制造商重新定位自身在货运行业价值链中的价值创造与分配。未来，卡车制造商极有可能直接与数智货运平台合作，既是卡车的生产方，也是卡车的数智货运运营方，并接管目前由运输公司和其他物流供应商控制的大部分业务。同时，技术公司也将尝试进入市场，发展它们研发的卡车和物流平台。

在共享出行领域，曹操专车就是典型的汽车制造企业直接进入数字化出行领域的例子，后续也带动了一汽、东风、长安等车企联合推出"T3出行"，同时吉利也与戴姆勒联手打造高端出行服务"耀出行"。在全球范围内，宝马与戴姆勒合资推出汽车共享项目Car2Go。预计在不久的将来，在物流领域，卡车制造商也会向产业链下游渗透，进入卡车货运领域，为各类货运托运方提供数智化的货运解决方案。

物流产业组织重构的本质是通过重塑仓、运、配、端的分工协作创造物流新价值，从而更好地服务新消费、新需求。为此，商业全链路的重构需要创造一个价值网协同的商业环境与机制，参与者的角色也将面临改变。

商业与物流数智化协作的角色与机制重构

商业全链路重构的目标与抓手

商业重构的目标

商业全链路重构的目标,简单来说就是"开源"和"节流"。开源,需要通过对供需进行重新匹配以寻求业务增长,做增量;节流,就是提升效率与管控成本,做优化。

在规模增长达到天花板的时候,要突破瓶颈打造业务新增长点。业务新增长点的背后是新品、新客,重点是在潜在顾客、消费新势力群体中找到新的机会,不断优化品类结构,释放新品类对品牌价值的延伸。例如:联合利华通过 AI 工具进行消费数据洞察,挖掘到了"保护牙龈"这个洗护类产品的新业务增长点;新式茶饮品牌元气森林,通过大量的数据测试(如公司内部小规模试喝测试、智能无人柜售卖测试、局部市场试喝试销等),实时监测市场销售情况,采集用户画像,依数据和算法来决定是否投产。[①] 当企业的业务线众多、规模庞大的时候,供应链端到端运营

[①] 《原来你喝的气泡水,都是被数字化"做"出来的!(附元气森林案例)》,搜狐网,https://www.sohu.com/a/520713291_120817352,2022-02-10。

效率提升与成本管控需要成为重中之重。供应链端到端的运营效率提升，必会涉及市场洞察、研发、生产到流通、库存、物流等全链路环节的解构与重新连接。

物流的重构，其目标就是帮助商业全链路实现更好的开源与节流，双管齐下。一方面，物流要帮助供应链提升对市场的响应性；另一方面，要帮助供应链实现成本管控。

商业重构的抓手

所谓抓手，就是着力点、着力处。商业全链路的重构，我们认为有以下几个着力点：（1）商业全链路中的角色定位的重构；（2）角色协作机制的重构；（3）利用数智化在商业协作中的作用；（4）拓展重构的边界，让技术与机制发挥更大的效能。

消费者主权的崛起、数智技术的不断发展，将会改写商业价值创造的历史进程。随着组织协作成本的降低，商业创造财富与价值的方式将会从链式的分工与博弈走向新的分工与价值网的协同。连接的重塑体现在连接方式的变化，例如 B2C、B2B2C、S2B2C、M2C、C2M 等多种商业模式，更体现为传统供应链向数智供应网络演变中各商业主体所扮演角色的改变，以及所对应的权责利等机制的重构。当下，商业链路中几乎所有角色，如平台、品牌商/制造商、渠道商、门店、物流服务商等，都在寻求转型以适应数智协作时代的商业趋势。在转型过程中，大家都在寻求角色的调整和重新定位：有些角色功能升级了，有些角色功能减少甚至因变革而消失了，有些角色被重新创造出来。可以预见的是，数智时代，无论是平台型企业还是品牌商/制造商、中间渠道商、门店终端、物流服务商，所有角色都将迎来一轮大变革。

角色重构

互联网巨头向产业互联网平台的角色转型

当下，消费互联网巨头正面临流量极限的困境和政策反垄断的窗口。流量困境，背后是市场和定位问题。面对流量上限，平台一方面正在布局全球化业务以摆脱增长困境，另一方面进行思维转型和新角色定位，从流量思维转向价值，从消费互联网思维转向产业互联网思维。借助消费互联网时代建立起来的流量、数据、商业关系、技术能力，平台需要往供应链、产业链层面进行业务拓展和深度价值创造。深度价值创造需要发挥技术与机制的力量，改变产业的协作方式和商业全要素的配置效率。在反垄断政策下，平台型企业需要打破以往唯我独尊的思维，让互联网还原其开放、共享、平等、共治的本质。随着反垄断政策的推进、数字技术在产业链层面的加速渗透，平台之间在流量上的开放与共享，必将会推动商业与消费者在全社会领域连接效率的大幅提升。

品牌商/制造商向柔性供应链、产业互联网平台的角色转型

数字技术正在拉近商业源头与消费者之间的距离，品牌商/制造商与消费者之间不再是过去的两张皮。品牌商已不再满足于研发、生产，而是进一步向平台化或 C2M 柔性生产、供应链一体化，甚至自建直达消费者的 D2C 渠道或赋能经销商进行角色转型，希望在生产制造端做到柔性化以适应多元个性的需求，在消费端做到近距离感知市场，这将是商业从头到尾的一台大手术。例如，在服装行业，青岛红领通过最终用户需求（订单）驱动、生产线的柔性化改造、自动排产、智能裁剪等方式打造 C2M 的柔性供应链，在一定程度上做到了个性化与成本之间的权衡，是传统的个性化定制与工业化生产结合的标杆。

又如汉帛集团通过对服装车间进行柔性化改造，满足了网红品牌客户的小批量快速反应订单需求，也就是在裁缝机工位导入物联网模块，记录与分析每位裁缝师傅的专长及生产的品项与件数，能够做到 3~10 件下单、5~7 天完成生产并交付，帮助女装品牌做到频创新、快反应、小批量个性化定制。在此基础上，汉帛也把在内部工厂跑通的制造数字化系统输出赋能给其他服装工厂。2019 年 4 月，汉帛孵化的哈勃云智造平台开始在杭州萧山开展中小服装生产工厂的智能化改造服务，其用意是通过平台连接和协同这些经过改造的产能，将产能匹配到对柔性化生产有需求的客

户（如品牌商、独立设计师、网红等）。以上只是品牌、制造商通过产线数字化打造 C2M 柔性生产能力然后赋能产业链上下游的冰山一角，事实上，各行业都在如火如荼地尝试柔性供应链与平台化。

有些品牌商，则在消费供应链环节做了文章。例如，消费品行业，宝洁、雀巢正在向渠道端赋能与重构，缩短渠道层级、转换渠道价值，在整个链路上推动"人、货、场"的数字化重构。家电行业，格力通过直播组建网络渠道的方式，对传统渠道分销方式进行变革；美的为因应消费者求快求变的需求，希望更好地触达终端用户，因此与旗下的安得物流（2017 年改名为安得智联）联手，以用户为中心，倒逼全价值链进行内部变革，通过压缩中间渠道层级、直接汇总来自一线的订单（来自消费者和终端门店）推动从消费端到制造端供应链的变革，实现全价值链运营。在汽配领域，普利司通和固特异等轮胎品牌制造企业，因为对当时市场最大的全球轮胎经销商 ATD 的效率与创新不满意，在 2018 年合作成立轮胎经销公司 Tirehub，向下游渠道环节进行整合，直接服务终端客户；润滑油品生产商艾养车，发现难以找到合适的中间商、触达终端维修厂的代价过大，因此通过整合有数字化意愿的制造商、经销商、门店、大客户等链路伙伴，发展新型的供应链平台，从生产角色转型为运营服务。数字时代，品牌方与渠道方进入重新分工，通过将商流与物流串联重构，希望能够提高全链路的效率，同时也满足终端消费者个性化、快反应、频创新的需求。

再如雀巢中国于 2015 年开启数字柔性供应链转型，缘起于两点：一是业务增长放缓，传统商业所建立起来的商品开发能力、对消费者的理解能力在新的环境中面临全新挑战，新品推出速度慢，跟不上市场的变化；二是不同的渠道（包括传统经销渠道、公司旗舰店、经销商的网店等）之间互不兼容，形不成合力。2017 年 5 月，雀巢与天猫、菜鸟协同，探索基于一盘货的数字化供应链与全渠道变革。线上渠道与天猫、猫超、聚划算、农淘展开品牌营销合作和数据洞察，线下渠道实施数字化转型。例如，在大润发等线下超市配置"云货架"，与消费者互动；积极推动线下消费数据和线上数据合并，这有助于构建消费者的完整画像。渠道变革方面，出于谨慎考虑，雀巢中国选择从食品饮料部的产品线切入做试点，将 B2B 和 B2C 两部分的货品打通并统一调配。

在传统品牌商向全链路转型的同时，一些新势力也踊跃创新。例如，在新茶饮领域，喜茶、元气森林、茶颜悦色等国货新品牌找准健康需求方面的结构性变化进行品牌的精准定位，通过新配方、新包装等产品创新满足消费新势力的价值主张。同时，这些新国货品牌的新价值创造不仅体现在新国货本身，还从一开始就打造从生产工厂到门店的极简供应链，供应链体系的重塑也带来了与传统品牌的多层级供应链分销体系不同的价值创造方式。

经销商的角色转型相对尴尬

相比品牌商，经销商由于缺乏商流和价值创造的有限性，在新一轮洗牌中需要进行的变革会更彻底。有些不可避免被淘汰了，有些会努力寻求角色转型。传统经销商原先的职能是业务推广与订单、仓库与物流。现在，有些经销商的仓库与物流功能可能就没了。在消费品和家电行业，有些品牌商正在通过"统仓统配"和"一盘货"推动业务变革，经销商如果只负责线下货流或小区域仓配，就显得比较尴尬。经销商往哪个方向转型，取决于过往积累的能力。比如，经销商需要精进其原来在区域市场拓展、区域渠道管理与赋能、商业推广方面的能力；或升级其仓配能力向物流服务商转型，与品牌商、经销商和终端门店形成合作关系，开展同城配送服务；或者作为一个物流据点，进行数字化、智能化改造，提供云仓服务等。

门店向新零售的角色转型，重新定位线下售卖场的功能

商业全链路重构中，前端门店的角色也在发生变化。因为消费者在从线下卖场向线上场景迁移，一些门店消失了，一些在努力转型。门店从过去只是线下展售商品，变成集数智导购、数智沟通、前置发货到家的"人、货、场"数字化重构的空间与场所。例如，美特好、三江购物、物美、家乐福、华润万家、大润发、永辉、家家悦、朴朴等传统门店通过数字化转型成为新零售生态中重要的一分子而不被淘汰出局。

案例：宁波三江购物社区生鲜门店的数字化转型之路

三江社区生鲜门店的数字化转型，缘起于业务增长的乏力。2012年起，由于受到国际零售巨头与移动互联网的冲击，门店的生存空间被压缩。2014年，公司开始通过开通公众号、购物App的方式探索门店的数字化转型。转型主要分为两个阶段进行，第一阶段是拥抱平台的赋能，第二阶段是自主创新。

第一阶段：拥抱互联网平台的赋能升级（2014—2018年）

2014—2015年，正是零售行业探索O2O商业的萌芽时期。在线下寻求线上业务突破的同时，线上也积极探索线下，这就有了后来大家熟悉的阿里以21.5亿元战略投资三江的资本联姻故事。2015年11月，阿里与三江购物签订合作框架协议，由盒马鲜生负责输出品牌、系统、技术和大数据改造三江门店，而三江购物负责代理和管理浙江区域的盒马鲜生门店。三江门店的数字化转型，可以概括为线上线下融合及技术赋能数字营销和门店管理。线上线下融合的做法是，将门店接入淘鲜达专区、自主研发"三江云菜"App（由门店进行配送）并接入阿里聚客宝数字化中台。依托阿里数字中台，三江慢慢形成了一些数据能力，这些数据可被用来面向会员开展多渠道、多业态的数字化营销。同时，门店引入了盒马内部带有货物管理的 WMS 系统，帮助门店实现可视化陈列管理和仓内库存作业数字化管理。

可以说，三江在阿里的赋能下取得了一些成效，改变了 2013—2017 年连续五年销售额下降的局面。2018 年开始，三江门店的销售额与利润都显著增长。但是，董事长陈念慈认为原先的数字赋能方式无法完全满足三江的个性化需求，并认为阿里帮忙修建了高速公路，但从高速公路出口到自家院子的路需要自己修。比如说，作为一家会员制企业，三江希望 POS 端小票可以呈现出一般优惠金额和作为会员的进一步优惠金额，但盒马系统无法实现。

第二阶段：自主推进数字转型（2019 年至今）

2019 年起，三江尝试自主推进数字转型，期望通过提升中台能力来支撑前端不同的创新业务。其中，业务中台改变了原来采购与营运简单的双轮驱动方式，通过搭建专门业务小组如销售团队、产品开发团队、供应链开发团队等，来支撑前端各种不同类型的门店需求。数据中台则围绕这些业务构想，构建基础设施。首先是对数据的抽取，如门店 CM（客户管理）系统、App 端、小程序、门店端系统等。其中 CM 系统可以将会员数据管理、会员营销活动及工具、活动效果比较分析等一系列能力建设起来，并将虚拟会员卡、储值和支付体系与小程序端、App 端打通，希望构建起会员运营的数字化能力。其次，搭建数据仓库以存储数据，并按照一定的维度、数据单元将其整理出来，以支持后续的大数据量运算。比如，三江购物数据驱动库主要负责数据的自动采集及整理，当门店端提出数据需求时，可以为其提供许多已整理好的数据表格，能够较快地帮助门店发现问题所在。在数据积累的基础上，三江开始尝试利用数据来帮忙做决策。比如，根据经营数据来指导生鲜定价、营销基金投入以及生鲜补货的决策。

上半场，阿里的技术赋能为三江转型升级注入了动力；下半场，三江通过学习盒马的数字化运营做法，尝试利用自身的力量做门店的数字化转型，企业的升级命运仍掌握在自己手上，责无旁贷。

物流商从功能服务向一体化服务的角色转型

毫无疑问，当商业的重构逐步从渠道端深入整个供应链时，物流的转型迫在眉睫，既是挑战，也是机遇。当商业有意愿互联互通、协作，原先的物流价值链分工必然走向价值网协同。特别是有商流基因的物流角色，将会在这一轮变革中占据先机，率先向一体化物流服务商甚至供应链解决方案提供商的角色进行转型。我们认为，菜鸟网络、京东物流、安得智联这类兼具商流与物流基因的企业，以及做供应链 SaaS 服务的科技企业，有机会通过更多物流价值链环节的跨越助推商业全链路的变革。脱胎于美的的安得智联，把家电供应链的物流服务经验推广到其他行业，赋能传统品牌制造商进行全链路物流的一体化运营。

面对消费的结构性变化，物流企业需要帮助品牌商打造柔性的供应链交付能力以实现业务增长，并优化全链路的物流运营效率。2020年，安得智联与青岛啤酒公司、青岛啤酒经销商共同探索啤酒行业一体化供应链解决方案，在河南市场试点线下一盘货及统仓统配方案。首先，对渠道仓储设施进行优化，减少经销商小而散的仓储设施，增加集中化仓储；其次，统一货权；然后是运输的变革，使用标准化的带板运输作业，解决工厂装卸效率与车辆作业效率的问题。这种"一盘货＋干仓配一体化直送门店"的变革，不仅提升了物流运营效率，同时还提升了产品到消费者手上的新鲜度，让啤酒在流通中得到保值。对于啤酒市场而言，新鲜度一直是市场的重要诉求。在线下一盘货的基础上，2021年，青岛啤酒推动线上一盘货与部分区域2B/2C的一体化交付模式，实现一盘货满足多电商平台交付，更好地支撑了碎片化订单与个性化需求。线上与线下的供应链融合，提升了库存、人员、场地、设备及物流作业资源的共享与集约化利用水平。

谁有可能成为商业全链路变革的主推手

推动商业从生产、流通到消费端全链路的变革，重构商品与消费者的连接方式，背后的主推手是哪一类角色呢？

既然是主推手，一定是在行业里具有统合性、号召性的企业，例如我们前面提到的供应链整合者；另外，品牌企业、零售平台型企业天生具有这样的特征，担当主推手的可能性较大。传统品牌企业由于具有天然的货源优势，从商业源头（商流）切入来推动全链路变革似乎是顺理成章的事情。例如美的、安踏、李宁、宝洁、雀巢等传统品牌企业都在推动全链路的变革。大型零售与分销平台巨头也是如此，在商业端和消费端具备"号令天下"的优势，理应承担起商业全链路变革的重任。天猫、京东、拼多多、7-11连锁便利店、全家便利店以及一些垂直类平台都具有这样的优势。例如，天猫在全网内推进品牌营销以及用户的连线与重构、线下商业业态的打通和重构、供应链运营重构等多维度的新零售商业变革；京东在"零售即服务"理念的加持下通过打造新的零售与供应链基础设施，连接生产、流通、服务各个环节；拼多多近年来主要推动农贸、工厂与消费者的直接对接，寻求在细分行业的C2M商业模式转型。值得一提的是，面向下沉市场交易与服务的平台南京五星集团的汇通达，依托"SaaS+"和商家解决方案赋能乡镇夫妻店，并试图从数字零售服务向产业互联网和数智零售的双轮驱动发展。另外，还有一类企业也是主推手，那就是新进入行业的创新者。例如，前面提及的新国货品牌抓住健康需求结构的变化开发全新概念的集合品类，并以纵向一体化模式打造极简化的供应链体系。

案例：汇通达——面向下沉市场的商业数字化服务平台

总部位于南京的汇通达，在电商行业中似乎是一个独特的存在。一是先人一步将目光瞄准农村和乡镇这块尚未被开垦的处女地。它于2010年成立，比阿里、京东在2014年发起的农村电商运动提前了4年。二是瞄准乡镇的夫妻店（小B端）。在各路平台都沉寂在消费互联网的喧嚣中时，汇通达另辟蹊径，选择与农村的夫妻店做朋友。

"抓小放大"，做小B端的供应链集采服务

公司成立之初，董事长汪建国依托在五星电器时代积累起的人脉和资源，签下了很多品牌的江苏省代理权，做起了经销商，主营家电批发业务，国美、苏宁、五星电器都是公司的客户。但这似乎不符合设立汇通达的初衷，公司很快就调整了目标客户，集中做农村家电市场"夫妻店"群体的供应链集采服务。他们发现，在生产极大丰富的年代，农村与乡镇市场的消费者花更多的钱也难得到和城市一样的商品，因为缺少专门服务农村市场的新型流通组织，而服务农村市场的大多是"夫妻店"。这也是汇通达后来调整核心发展思路，将目标客户定格在小B端，通过连接工厂为店面提供采购服务的前奏。经过一年的坚持，汇通达实现了第一次蜕变，从品牌代理给大商家供货模式转变为服务小商家的供应链集采平台，当时的业务已经全面布局到安徽、江苏、浙江等地。

拥抱互联网，强化赋能服务

2012年，受到京东和苏宁电商大战冲击乡镇店面经营（店主面临生意不好做、卖货难的危机）、公司做大后与厂商原有销售渠道的冲突等多重因素的影响，公司决定调整经营思路：拥抱互联网，强化赋能服务，做农村电商O2O服务平台。具体做法为：（1）公司向上下游开放，做品牌的共同流通平台；（2）扩大商品范围，引入农业生产资料、农资农机、酒水饮料等非电器品类；（3）构建数字能力，为会员店提供"SaaS+"和商家解决方案服务。

会员店的数字化赋能方案包括"＋工具""＋社群""＋活动"等功能。"＋工具"方面，通过开发"超级老板"App帮助店面实现进销存管理（一直以来，农村店面管理落后，进销存混乱，财务不清晰）；同时，汇通达可将店面后台进行连接，整合订单与需求信息给到上游统一采购；开发"汇享购"，让门店可实现在微信或App端开网店。"＋社群"方面，通过建立粉丝社群、发展村级代理人（代理人由会员店自行发展，让代理人转发店铺信息，成交后有相应的提成）构建基于情感信任的农村社交来引流获客。"＋活动"方面，"超级老板"App设置了多种营销玩法，通过抽奖、发券、满减满赠、拼团、秒杀等方式进行商品促销。

向产业数字化转型：打造农村商业数字化服务平台

2019年，汇通达再次升级为"农村商业数字化服务平台"，开启产业互联网和数智零售"双轮"驱动。产业互联网是"左轮"，重在重构产业链，提升供给侧效率；数智零售是"右轮"，重在重构零售端，推进零售数智化。在汇通达总裁徐秀贤看来，打造产业数字化有三个关键点：一是重构，以需求为导向重构供应链，即由 F2B2B2C 重构为 C2B2F；二是数字化，通过端到端的全链路互连，让产业链的每一个企业实现数字化升级，实现全链路的数智运营；三是整合和赋能，即整合物流服务商、技术服务商、金融服务商、售后服务商等相关生态利益方，通过平台化服务和数字信息的共享服务，促进各产业链企业互相赋能和彼此间的价值创造。2019 年，汇通达深耕地方资源，同地方政府共建数字产业园区，作为打通全产业链数字化运营的重要依托。例如，汇通达与嵊州市政府合作，对该地区特色农产品嵊州桃形李进行上行，并对果实大小及包装进行标准化，利用数字化手段提升运营效率，帮助嵊州桃形李塑造特色农业品牌。这是汇通达在产业端迈出的重要一步。

未来，汇通达希望能够打造数智零售"用户粉丝化、门店数字化、经营智能化、赋能精准化"的四化能力，让零售端与产业端相互促进、互补共生。[①] 例如，通过数智零售能够掌握更多顾

[①] 《汇通达发布 2019 "成绩单"——销售突破 500 亿，服务 21 省超 3 亿农村消费者》，《新华日报》，http://xhv5.xhby.net/mp3/pc/c/202001/03/c732507.html，2020-01-03。

客，依托需求数字化为品牌厂商进行导航。通过产业互联网整合上游资源，帮助各生态企业找准定位，以更低的成本、更高的效率服务好会员店，满足 C 端顾客需求。

机制重构

商业全链路的重构，除了角色重构，还需要进行机制重构。所谓机制重构，就是因应数智世界的发展趋势，把商业中的权、责、利关系进行解构与重新组合。例如，在新的分工下，谁应该做何种决策？新的责任是什么？利益该怎么分配？机制重构是否能得到参与者认同，关系到角色是否能顺利转型、达成设想的重新定位。

机制重构的核心是什么？核心是利益如何创造、如何分配，成本如何分担等。利益，就是把蛋糕做大，然后再分配。把蛋糕做大，就是商业链路变革统领方的重构方案要让大家相信创造了新的价值。至于怎么分蛋糕，实际上取决于新分工后谁创造了什么特殊的价值。例如，前面我们提到品牌方如果是变革的主导方，通过直达消费者了解其需求、建设统仓统配的物流基础设施快速满足需求，因而贡献最大，就理应拿得最多；零售商在变革中如果拓展创新了门店的功能，也会创造新价值；经销商如果不负责货权、物流了，其价值创造是降低的，获取的价值会减少甚至可能被替代。

权力大，责任也大。在增加决策权的同时，所需承担的后果也相应变大。例如，在下面的例子中，美的集团推动家电行业的全链路变革，其做法是：（1）改变订单的收集方式，直接从零售商那里收集订单；（2）统一货权，改变原来物流随货权的转移而流动的方式；（3）把库存共享给门店，改变原来门店补货需要对应经销商的方式。可以发现，美的的权力在集中，例如推动全链路变革、掌控货物、统一物流。当然，其责任也在变大，需要为全链路的变革承担风险，例如面临库存或者制定买回的条款，这也是企业家精神的一部分。

案例：美的集团结合安得物流进行全价值链的卓越运营变革

2012年是美的数字化转型元年，标志性事件是实施"632"数字战略项目。所谓"632"，就是在集团层面打造6大运营系统、3大管理平台、2大技术平台，实现整个集团层的IT一致性，包括流程一致性、数据一致性和系统一致性。IT一致性改变了过去各事业部形成信息与数据孤岛的局面（之前美的各个事业部的IT系统之间不连通），实现数据在集团层的连通和共享，为集团整体战略制定提供决策支持。"632"项目的推进一共花了3年时间，于2015年完成。

正是有了前期的数字化转型基础，才会有后来的美的推动C2M供应链变革。过去，美的多级压货式分销体系存在一系列问题，如无法及时洞察一线市场、多级渠道博弈压货导致库存居高不下、不合理物料计划制约了生产柔性。意识到长期以来"以产定销"加上"压货模式"的弊端，2015年美的集团决定在洗衣机事业部试点推进全链路C2M变革（2016年在集团层面推广），希望通过变革产销模式达成研发、营销、生产、渠道等全流程的协同。为了实现这个目标，美的内部开展了一项名为"T+3"的业务变革，把产品从下单到交付分解为1+3个阶段——下单、备料、生产和发运，每个阶段都有对应的交付流程和交付周期。[①] 为了顺利推进"T+3"业务，美的做了两点改变。一是改变订单的收集方式。原来是从经销商那里收集订单信息；现在是直接从消费者和零售店汇聚一线订单来精准驱动物料的组织与生产，优化流程、缩短交货周期、降低物料和产成品库存。二是改变交付方式。原来是直接把货交付给经销商，然后经销商一层层往下压货实现货权转移；现在是压缩渠道层级、统一货权，统仓统配直达消费者和零售终端。美的作为品牌商的这一轮零售变革，与旗下的安得物流一起共创来规划执行。相比变革前，订单交付周期缩短了56%（从45天缩短到20天，行业周期为40余天），仓库数量降幅

---

① T0是下单周期，T1是备料周期，T2是生产周期，T3是发运周期。

为95%（从2244个降到117个），仓库面积下降70%，存货周转天数缩短了31%（从51天缩短到35天）。[1] 变革的效果得益于美的改变了原先的物流随货权移动的方式，转变为全网一盘货下的仓网链路优化。原先的仓网链路是多层级的，现在是工厂仓/区域网直达前置仓，由前置仓补货给门店，并将前置仓的库存共享给所辐射的门店，每个店老板可以减少库存、互相调用。

除了在经销零售端进行渠道供应链的变革，美的还向上延伸到生产制造端，希望将供应链与制造端进行柔性结合，以数字化和智能化打通从物料生产到消费的整个链路。在物料入库和产中送线环节，应用生产物流系统（PLS）、智能仓储管理系统（IWMS）、排序送货系统（JIT）、机器人控制系统（RCS）打通供应商到物料仓（VMI仓）、工厂生产线的链路，实现物料存储、物料库存水位的调节以及物料出库送线的数智化。结合智能硬件如kiva机器人、自动拆垛机，可实现在物料入库与送线过程中的智能规划行驶路径、物料自动柴垛、自动抓取、组装作业等。在生产端实现数智化运营、提升物料周转效率的同时，物料的状态、设备运营状况及电量、作业进度等都可以量化呈现，方便管理者清楚地知道物料流转、流程运营和各种物理资产的效率。

---

[1] 物流沙龙，《一盘货+统仓共配，助力利润翻三倍的T+3最佳实践》，搜狐网，https://www.sohu.com/a/342877707_168370，2019-09-23。

在美的整个流通链路的变革中,品牌商、经销商、门店的角色都发生了变化。品牌商美的进行了由传统(制造商)推式供应链转变为(消费需求)拉式供应链的变革,是全链路分工分配重构的引领者、设计者。经销商的角色变化是,保留了原先的区域市场活动、区域渠道管理、品牌管理职能,但把原先的物流仓配功能交给了安得的数字供应链,客户运营服务、商流和信息流则交给了现代化的门店,嫁接在美的提供的数字系统与流程监控辅导之上。对于经销商而言,伴随着角色的转变(品牌方对其依赖度在下降,进入门槛在下降),其赢利模式也发生了变化,从原先的低买高卖赚差价模式变成了根据销售额提成服务费,这取决于经销商在特定区域的品牌与渠道管理能力。对于经销商来说,其好处在于不需要再占用资金来备货,资金周转率大大提升。通过与美的直连,门店得到的好处是除了可以卖常规库存,还可以卖更多品类的家电产品;店里没有的产品可以调用前置仓的共享库存,将大型家电产品从前置仓直接送达消费者家里并入户安装。在角色变化上,门店承担了更多的引流、顾客运营、空间体验职能。

美的的供应链变革给我们带来几点启示:(1)商业与消费者连接方式的重构。由于数字技术引发的交易成本的降低,品牌商正在跳过中间环节直接触达终端,供应链的线性串联变成数字供应网络并联。(2)角色重构。例如,品牌商从研发生产的角色转变为全链路重构的引领者与设计者;中间渠道商原先的货权与物流功能被品牌商统一整合了;渠道扁平化、库存共享的做法,让门店功能提升了,突破原有店面空间的限制重新定位线下线上售卖的功能;物流商的功能也提升了,从分段式物流经营到全链路物流经营。角色重构的目的是要带来运营的改善,创造更大的价值,例如在美的变革例子中,各项运营指标都提升到了新层次,角色重构将蛋糕做大,这为利益分配机制的设计创造了空间。
(3) 机制重构,即权、责、利的统一。我们看到经销商在这一轮变革中,权力收缩了、责任变小了,理应分得最少(除非进行区域的拓展,例如开发下沉市场)。

我们发现资源与要素要实现大范围连接与协同,机制创新很重要,有助于对各方的利益进行捆绑。关于机制创新,源自日本、引领全球的便利店零售业态龙头企业7-11所打造的B2B共享经济体是一个可以参考的例子。在全球零售业中,7-11的商业模式较为独特,其自身没有物质生产手段,却能创造规模庞大的商业体系。《零售的本质》作者绪方知行、田口香世认为:7-11将加盟店与总部作为命运共同体的这种体制,超越了传统企业组织和产业组织的惯性做法,不断向着创造产业共生共荣的蓬勃生态圈迈进。[①] 7-11将加盟店、鲜食制造商、物流中心、其他合作厂商视

---

① 绪方知行、田口香世,《零售的本质》,机械工业出版社,2016年。

为利益共同体,将观念共识化(统一价值观体系),将顾客、信息与系统共享化(信息与各方实时共享),将价值创造共赢化(合作共赢),从而实现与产业各方通透的协调与合作。实际上,我们也可以认为,7-11就是一个共享顾客、共享物流、共享信息、共享采购、共享价值观、共享成果的产业互联网平台。

数智化技术的赋能

数智技术帮忙实现角色与机制重构

当下,商业能够开展全链路的角色与机制重构,背后有谁在撑腰?

答案是数智技术。协作的前提是把流程看通透,发现问题并及时调整。数智技术可以帮助商业做到全链路数字透明化、数据赋能决策与协作方式、数字化全局管理,充分发挥数智技术在运营、管理和决策中的赋能价值。可以说,数智化+新分工与协作重塑了商业与消费者的连接革命。

在什么情况下,数智化可以发挥更大的效能?

一家企业,其管理的品类和SKU众多,供应链呈现出复杂网络的运营特征,更需要数智化在中间帮忙做连接。例如,无限极是一家品类和SKU众多的直销企业,旗下有健康食品、护肤品、个人护理品、家居用品和养生用品等5个系列、7个品牌和200余款产品。要促进多品类的货品以高效的方式连接国内外7000家专卖店和庞大的消费群体,需要借助物权改革、数智化技术的提升对原有的货物流转方式进行变革。在变革前,无限极采取的是区域发货的固定模式。发货区域的固定,会导致货的流转路径决策处于"孤岛"状态,无法做到全局优化。例如,有的区域仓库库存不足,有的则过剩,旱的旱、涝的涝,带来调货、补货效率的低下和整体库存的无效上升。问题的根源在于两个方面。一是全品类货物没有"一盘货",库存得不到共享;二是不同业务的系统不连通,形成一个个"数据孤岛"。在供应链需求预测、产销计划方面,由于缺乏对历史销售数据的需求预测模型和算法的支持,生产决策不准,针对不同区域的补货决策也不准。在这种场景下,企业利用数智化赋能全链路的变革能够带来最大的竞争优势。

当订单、库存、仓储能同时支撑多个碎片化的场景/平台业务诉求时,就需要企业具备或借助外部的技术能力,帮助做到更高效的人(消费者)、货(商品)、场(线上和线下)的连接与匹配。例如,针对全链路运营的痛点、堵点,无限极利用菜鸟的供应链履约中台解决方案实现了三个方面的优化。一是实现数据洞察。基于历史销售数据,设计多种算法模型,形成全国分区域销量预测,在此基础上实现各区域的精准分仓,尽量减少仓与仓之间的临时调货。二是库存数字透明化共享。将各销售区域仓库、门店的库存进行数字化打通、共享,形成全国库存的"一盘货"。

三是快速发现动销问题并实时解决问题。无限极与菜鸟合作，实现智慧供应链计划及智能补货与调拨。我们看到，无限极协同技术力量提升了交付履约的数字化能力，重点是通过数智供应链实现精准预测、精准分仓、智慧调货。

数智技术帮助打造商业全链路的韧性，应对突发性冲击

商业的目标是创造价值、追求利益。但是在追求利益的同时，也需要考虑在获取利润过程中的持续性与所面临的风险。商业全链路重构，其要义一般在于通过打造数字柔性供应链来匹配新消费，这是商业数字变革的原动力。但是，光有柔性是不够的。近年来，英国脱欧、俄乌冲突等国际性政治事件以及新冠肺炎疫情的常态化，给全球经济敲响了警钟；政治动荡、自然灾害等突发事件，给错综复杂的全球供应链运营带来了难以预料的风险；工厂关闭、零配件供应短缺（中国汽车、半导体行业的零配件长期依赖国际供应链）、劳动力短缺（如工人、快递小哥被隔离）、交通中断（如港口拥堵、国际航班取消、公路设限、城市封锁）、大宗产品和消费品价格暴涨暴跌，供应端的不畅通给商业的运营带来了极大的风险，也严重影响了生产、流通和消费的大循环。麦肯锡对四个行业（汽车、制药、航空航天以及计算机和电子产品）的数十名专家进行的调查显示：这几个行业平均每3.7年会经历一次持续一个月或更长的实质性中断；平均而言，企业在十年内的损失可能相当于一年利润的 42%。①

　　国际政治、经济局势的变化以及新冠肺炎疫情的冲击，给我们的企业上了一堂生动的风险管理课。对于管理者来说，在通过打造柔性供应链引领新消费的同时，也需要给供应链加个保险，增强其韧性，从而应对不确定冲击。企业在供应链运营目标优化中，不仅要考虑期望利润的大小，还要考虑发展过程中所面临的风险。精益化、柔性化的前提是环境的风平浪静，其做法决定了企业过得好不好（期望利润的大小）；韧性，是指面对冲击活得怎么样，是生存问题（风险的大小）。韧性供应链的打造需要一套积极的风险与应急管理思想和体系，来修正原先被动应对风险的管理思想，做到"防患于未然"。通常情况下，大型企业会通过多源供应商体系、全球分布式生产、缓冲库存来应对风险。但是，缓冲、备份是有代价的，很少企业采用积极的态度来投资应急运营方案，因为没有意愿为没有发生的事情投资买单。

　　以上问题的本质是：管理者对风险的态度决定了如何在风险损失与机会成本之间进行权衡。风险偏好型管理者，从不会为风险买单；风险中性管理者，愿意加一点保险；风险规避型管理者，愿意加更多的保险。这里并没有对错之分，就像给自己的车子买保险一样，风险感知度不同的人选择自然不同。对风险的态度实

---

① 麦肯锡全球研究院，《全球价值链的风险、韧性和再平衡》，2020 年 9 月。

际上就是一种认知，目前有公司采取新的解决办法尝试将整条供应链与不间断的数据流相连接（利用信息整合供应商、工厂、经销商获取一系列实时数据），提供跨地区、跨组织的供应链视图。

如果数字技术能够让管理者看清楚供应链、产业链里的产能、库存分布情况，看清楚物流线路、物流人员的可用情况，就可以帮助管理者提升认知水平，不至于等到风险发生后手忙脚乱。商业生态的数字化连接有利于增强信息处理能力，帮助企业看清楚产业端的资源利用情况，形成完整的供应链监控体系和响应计划，提升供应链动态适应风险的能力。当外部风险打破商业链路各环节之间的供需平衡关系时，资源可以通过算法被合理（效率兼具公平）调度。2020年暴发的新冠肺炎疫情，充分暴露了商业的数字化协作有很多不足。例如，缺口罩了，只能通过私域流量来匹配产能，如通过朋友圈各显神通，这样的匹配效率自然难以应对风险。商业数字化水平提升到一定水平时，各种资源和要素都可以通过公有云的方式进行数字化呈现，而不是隐藏在某一个角落，应让数字化协作发挥缓冲与备份的作用，降低应急风险管理的成本。同时，数智化协作可以按需分配应急资源，以保证公平性、普遍性，以防再次出现2020年初各地争抢口罩及2022年上海市静态管理初期一部分人缺菜抢菜又同时有部分生鲜放置腐坏的事件。

商业重构如果能拓展到更大的边界，就有可能形成产业共同体或商业生态体。

重构边界的拓展：从供应链到产业链

以上关于商业重构的介绍，更多是站在供应链视角，即以某个特定企业为中心将上下游的供应链打通。例如，三江、无限极、美的的数字化供应链变革都是围绕自身业务及上下游关联业务展开的。诚然，通过数字化变革与创新可以提升供应链的效能，但还要看站在什么立场。对于供应链的变革，站在企业与产业的立场看，数智化给商业带来的改变是不可相提并论的。如果能够站在产业、产业互联互通的视角来看供应链变革与创新，那改变的不是一条供应链，而是一个行业或整个产业链。

产业互联网的核心是围绕供应链的效率提升、成本降低做文章，但更强调站在产业的视角利用供应链优化的思路与方法考察产业。产业链上下游的每个产业类型（大量的同类企业，如小五金、小家电的产业集群）都可以被看成供应链中的单个企业，通过改善产业链上下游企业/企业集群之间的供应链连接，可建立起更广泛的产业关系。产业互联网强调通过产业层面的机制创新、商业与运营模式创新活动打破横亘在产业内部的壁垒，让产业内部、产业之间实现数字互联甚至产业的重新分工、要素重组和大规模协作，极大地提升资源和要素的配置与优化效率。通过产业互联网的商业模式创新提升产业供应链运营效率，前面讲到的汇通达是一个例子。它通过建立平台连接产业端（制造企业）和小

B 端（乡镇夫妻店），从为店面提供货源和 SaaS 解决方案开始，继而推进数智零售，实现在需求侧深耕单店和单客，并在此基础上推进产业端与零售端的数字互联。例如，通过数智零售能够掌握农村和乡镇市场的顾客需求行为，而这些行为与数据又会反馈到上游品牌厂商。一方面，为上游的商品开发、生产制造决策提供依据，推动 C2B2F 商业模式的形成。另一方面，厂商、店面的产业互联可以吸引更多的生态利益方进来，把这些生态方的资源进行整合，可以更好地服务产业链并推动产业层面的供应链优化。

当下，阿里巴巴、京东等互联网巨头正在探索产业互联网的转型为产业赋能。例如，阿里巴巴正在联合天猫、菜鸟、钉钉、1688 打造工业互联网平台，将工厂的设备、生产线、产品与供应链、客户进行紧密协同，为企业的数字转型提供基础和丰富的工业应用。[①] 相比汇通达，阿里巴巴将产业互联网推进到了上游的生产制造环节，协同的场景更加丰富。京东则依托其先天的供应链基因，把商业触角从渠道端延伸到产业端，和掌握行业技术诀窍（know-how）的公司共建生态，通过五个维度来构建新的零售基础设施，从而为各类供应链赋能服务。这五个维度包括做宽（国内+国际供应链）、做深（商品+服务的供应链）、做厚（"2C+2B"的双层供应链）、做长（供应链向上延伸到设计、研发、制造

---

① 阿里云，https://www.aliyun.com/activity/iot/alinplat。

等)、做虚(数据化、网络化和智能化)。[①] 总之,产业层面的供应链运营需要通过各种数字技术手段来构建产业的底层服务体系和数字基建。高瓴资本创始人张磊认为:产业互联网需要把云计算、机器学习等计算力应用到价值链中,让虚拟世界与现实世界紧密融合,使得人、机器、资源间的连接更加智能,用新的组织业态整合产业链,从而产生新的协同。[②]

7-11打造产业共同体的例子也启发了我们:产业互联网的内核除了产业数字基建,还需要建立价值共同创造与共赢分配的新机制,这也是产业层面实现供应链协同的最大前提。未来,数智化能够将各方的价值贡献看清楚,通过智能合约而非手工制定合约来促进产业和社会层面的大规模协同,我们拭目以待。

数智化转型新定位:迈向物流产业共同体的组织形态

在数智化趋势面前,每一个组织都会被时代裹挟前进。

从组织协作视角来看,物流的数字化、智能化可以帮助改变整个产业的封闭商业关系,使之以新型的开放、协作、共创方式进行运转。

[①] 《京东集团首席战略官廖建文:京东将从五个维度构建新的零售基础设施》,金融界,https://baijiahao.baidu.com/s?id=1684297798199842030&wfr=spider&for=pc,2020-11-25。

[②] 张磊,《价值》,浙江教育出版社,2020年。

开放、协作和价值共创的目标就是要形成利益统一、责任统一、价值统一的产业共同体。产业共同体不仅是一个产业组织的概念，也是一种新的价值观、协同观。

物流产业共同体主要体现为物流要素的互联互通和信息共享、"一张网"开放共享型物流新基建。依托物流新基建，通过对物流要素进行全网可视化调度，可实现仓、运、配、端等物流各环节的无缝连接和迅速转换。

物流产业共同体的形成离不开协同视角指导下的机制升级，即需要构建一个让更多角色连接参与进来的合理机制，包括资源共享与利益分配机制、激励机制、信任机制等。而要形成这样的关系和机制，需要将物流产业生态参与方的价值贡献量化，包括土地、劳动力、智力投入、数据、资本等生产要素的价值都要通过可视化、可量化、可优化的方式体现出来。价值贡献可量化、被看见，是物流各参与方愿意协作共创价值的前提。

·第五章·

新生态：物流生态圈中的"点、线、面、体"

要点

在数智化协作的大时代，每个企业都需要重新定位自身在物流生态圈中扮演的角色，如"点、线、面、体"。是保持现状还是进行商业模式和角色的升维？角色升维，意味着能力与边界的升级，并且要协同更多的角色进行价值共创。企业需要思考的是往哪个方向转、要创造什么新价值、如何协同他人一起做、路径是什么、要跨越哪些障碍，这需要新的思维与方法论。

问题与思考

1. 如何利用"点、线、面、体"的方式来思考企业在物流生态中扮演的角色以及升维的方向？数智化如何带来企业升级的机会？能不能找到一些前沿案例？

2. 什么是未来世界的物流生态智慧体的创想？如何利用平台化、网络化、集成化的方法迈向赋能生态的智慧体？

3. 生态圈内的各个角色如何协同升级，达到组织协同、运营协同、信任协同？战略路径与做法是什么？

供需协同，商业与物流共同升维

商业的新价值主张驱动物流升级

物流是供，商业是需。在技术迭代、人性唤醒、个性多元的需求下，商业面临着新一轮从头到尾、全链路全渠道的变革，以满足客户的新价值主张。物流是自定路线增长革新，还是与商业协同升维？

工业经济时代，工厂与顾客之间的连接被专业化分工与"据地为王"层层割裂，物流散落在供应链中的不同环节，每一个物流执行主体负责一段物流流程。例如，品牌商把货从A工厂地送往B地总仓；货权转移后经销商把货从B地运往C地，再次进入地区仓库。这并不难，找一家物流公司，有司机、车和对应的物流线路就可以满足。当商业以分段、线性的方式进行连接时，只需要"专线"的物流角色就可以匹配，这是工业时代对物流提出的价值主张。

随着消费互联网的发展，订单的形式变了，也对物流提出了新的价值主张——端到端的物流高效交付。当订单因为渠道分割（线上线下多形式）或个体销售兴起（网红、宝妈、博主）而呈现碎片化的分发需求时，由于个别线路都难以实现规模经济，原先点点连线的物流形态已不能适应新的订单特征，中间需要引入更多的节点，例如需要区域网点来收货分拣，需要分拨中心与仓配中心来集货与分发，从而实现规模与网络效应。这个趋势马上带来两个方面的变化：一是订单碎片化带来收发货节点的数量激增；二是递送到家的需求需要跨越多个物流价值链环节才能实现。也就是说，仓配的数量是以等比级数在增加管理的复杂度，消费互联网为了满足消费者个性化需求的商业举措，也在驱动着物流交付方式从"分段的线路"走向"端到端网络"的全局优化，物流在商业竞争中的角色在增加。快递公司是为消费互联网前半段量身打造的物流角色。在消费互联网后半段，商业与消费者的连接更加多元，需要全链路的优化。所以，我们现在看到的仓配一体化、线上线下一盘货、即时物流是即将爆发的几种物流角色。

渠道的互联互通需要物流形成一体化网络，以支撑到家消费。那么，在产业互联网时代，采购、生产、渠道的互联互通需要什么样的物流形态才能支撑？新的物流形态，要能够满足两个场景需求。一是物流能纵向跨越更多的价值链环节，从采购物流到生产物流、消费物流；二是线上商业和线下商业的融合，需要物流横向跨越和重构不同的物流链路。以上两点，对物流的一体化运作所能覆盖的广度与深度提出了新的要求。

新商业驱动新物流变革。

面对商业探索消费者新需求时，物流需要同步升维以匹配新商业诉求的新价值主张。

物流新价值主张驱动商业升级

物流也在驱动商业变革。

对于物流来说，角色的升维不应该是被动的，而是要主动变革自身从而带动商业升级，要能做到改变商业的走向，这才是物流的未来。我们看到，在消费互联网时代，有些物流角色（例如快递、仓配一体、即时物流、物流科技型企业）在主动寻求数智转型，试图改变商业的走向；有些物流角色（例如菜鸟网络、京东物流、安得智联等）主动深入供应链、产业链层面提供一体化的物流服务，物流的新价值主张以及相匹配的价值创造手段，将会帮助商业向互联互通的产业形态升级。

如果未来的商业主流形态是产业互联网，那么对应的物流的组织形态也是产业互联网。第四章中，我们描述了产业共同体是未来的物流业的组织形态。而产业共同体形成的背后，是物流链路中各方角色的重新定位、价值解耦与耦合。这种耦合不是搭积木式的简单组合，而是需要彼此之间通过能力互补、价值网协同、共创共生共演，从而形成一个面向未来的物流共同体或生态圈。网络协同时代，物流企业需要在战略上进行角色重新定位，如"点、线、面、体"。物流产业共同体中，绝大多数扮演的是"点"和"线"的角色，少数能进化到"面"的角色，而"体"的角色形成还需要时日。

目前，国内的物流业还处于"散、小、弱"的市场格局，大量的物流从业者处于以"点"和"线"为特征的游离状态，行业的集中度不高。但越是薄弱的行业，通过整合出头部的机会与概率越大。例如，在国内，零担物流是一个极度分散的行业，大大小小的企业有二三十万家，而行业内前8家最大企业所占市场份额的总和约为8%。在产业数字化互联的大时代，零担物流行业有机会通过平台化、联盟化、数智化的方式开启新一轮整合，更好地驱动商业升级。在零担物流领域，壹米滴答、蚁链、德坤、聚盟等新兴物流平台"联盟共建"的做法也将改变商业竞争格局。没有即时送达网络的数智化、规模化，便捷稳定的生鲜、熟食外卖的本地生活服务就不会成为城市里的商业标配。

商业与物流的价值共创与共演升级

商业与物流需要彼此融合共创价值，同时又需要能共同演化协作升级，从而形成一个生生不息的生态圈。

我们不禁要问，商业与物流通过自组织携手共创共演形成新的生态圈，其核心结构是什么？生态圈的重要基石是什么？动态演化机制又是什么？

生态圈的核心结构特征

商业与物流角色之间要通过共创、共演实现融合，形成新的生态圈，相互依赖是核心的结构特征。可以从两个方面理解"相互依赖"。

一是从资源视角来看，相互之间的依赖需要彼此在技术、知识、设备等资源与能力上的优势补充，共同围绕核心价值主张做出不可替代的贡献。相互依赖的前提，是各成员都具备实现某种价值主张的优势资源。如果有一方的资源与能力没达到另一方的互补性要求，那么价值就更多是一方的贡献而非共创。在这种情境下，双方之间只能是基于弱连接的业务合作关系。

举个例子，淘宝上的小商家想要找一家物流公司帮助实现个性化的仓配服务会很为难，因为其订单的属性没有和提供仓配服务的公司的资源与能力属性相匹配。同理，业务面向全国市场的品牌商，与区域性的物流公司也不匹配。所以我们看到，小商家发货一般会找快递，大品牌商家发货一般会找提供仓配一体化服务的物流公司。

当然，暂时不匹配不代表就没有共创价值的可能。从简单、功能性物流服务开始，通过不断学习形成某一领域的专业特长，是物流实现与商业耦合的重要路径。同时,也说明物流要实现与商业融合,还需打磨自身,降低对商业的过度依赖。比方说,可以通过数字化来增强自身的运营能力以及通过平台化来增加规模等。

二是商业要与物流形成新生态,那么这个生态系统内不应存在垄断的权力控制机制,如单一商业主体主导控制物流或单一物流主体主导控制商业,成员相互间不过度嵌入,也不完全处于隔离状态。

基础设施是生态圈的重要基石

商业与物流形成融合的生态圈,基础设施是重要的基石。基础设施包括帮助生态圈实现新价值主张的生产力、生产关系和生产要素。数字应用平台、商业运作应用系统、商业全要素的数字化、通信基础设施,可以让商业与物流在更大范围内得到开放性整合,以及流程的深度融合。数字技术可带来运营的可视化(看得清谁贡献了什么)、可复用(数字资产对商业有用,对物流的运营也有用),并带动各商业与物流主体之间的生产关系升级。总之,以数智为特征的基础设施,决定了商业与物流连接的广度、深度,以及以什么样的制度、信任与合约方式融合彼此。

生态圈的动态演化

因资源、能力互补的需要,商业需要与物流彼此融合以共创价值。但这个过程是动态的，从共创到共演的过程中若有一方跟不上另一方的升级，那么在该方成员自动退出的同时也会有新的成员因价值观、能力的匹配性而加入成为生态圈的一部分。每一次的退出、进入都会引发生态圈在愿景、价值观、能力上的迭代。生态圈的动态演化，其背后是价值主张的变迁。在不同的技术与消费年代，最终用户的需求都会呈现出不一样的特征，因此商业需要不断升级价值主张，以匹配人性的唤醒、变化多端的外部环境。例如，过去商业关注供应链的效率（性价比），对物流的要求不是快响应，而是帮助供应链控制好成本。当下，除了效率，供应链更需要通过柔性来匹配个性化、动态的需求，对物流的要求是模块化（例如，实现物流功能与系统灵活的组合）、可拓展性（例如，灵活调节物流的产能）和兼容性（例如，兼容多种订单形式）。同时，供应链也需要通过提高韧性应对不确定性，例如这一轮新冠肺炎疫情的全球大流行，需要物流系统具备抗风险的能力。

生态圈要实现高效、柔性与韧性的运营，离不开精细的分工和深度的协同，数字化、智能化将功不可没。可以预见的是，在与商业的共创共演中，未来，物流自身也会形成一个彼此分工与协作的生态圈。

物流生态圈中的"点、线、面、体"

物流的"点"

所谓物流的"点",指的是拥有专门技能但往往无法独立生存的物流个体或企业。物流的"点"往往需要依托"线"或"面"生存。

"点",是物流网络中最基础的节点。这些物流节点,包括司机、车队、卡车制造商(未来,随着数字化协作成本的降低,卡车制造商也有可能以车队的形式直接成为物流平台上的一个"点")、无人车(货运车辆的自动化、智能化提升)的运营方、物流园区、工业园、仓库(包括产地仓、分拨仓、区域仓、前置仓等节点)、网点(前端揽收与末端派送的节点)、门店等。随着数智物流平台模式的崛起,越来越多的物流节点将会依附于网络型与平台型组织寻求生存的机会。

从供需视角来看,物流的商业模式最终都可以归结为连接和服务货物的托运方与承运方两大类不同的"点"。例如,运力撮合平台中,车队、卡车司机、货车司机、快递小哥作为承运方这类"点",依托平台可以匹配到更多的业务;同样,托运方(货主)依托平台可以更快匹配到临时运力。物流运力平台模式由于服务的链条短,就是把货从A地送到B地,所以需要连接的"点"较为单一。而快递、快运等网络型组织的服务链条长（包括收、转、运、派几个环节），所以需要连接更多的"点"，包括网点、末端门店、转运（分拨）中心、卡车司机、货车司机、快递员等。这些不同的点依托总部或平台，相互衔接与配合，方能完成一件包裹的全旅程。

"点"除了自身被连接，在经过数字化改造后会成为更强有力的"点"，从而实现价值提升。例如，仓库经过改造并引入自动化设备（如立体货架、智能化的分拣设备、智能打包设备）、仓储管理信息系统等，就会成为一个高效的分拣配送中心；卡车经过物联网改造成为"会说话"的数智货仓，它会告诉你它在哪里、车内有没有被塞满、温度是否正常等。当物流的"点"进行价值提升后，又会提升"点—点"连接成"线"和组成"网"的价值。例如，截至 2019 年 12 月，普洛斯在中国 43 个主要城市投建、建设并管理着 388 个物流园、工业园等高效物流节点，在信息网络的连通下形成了高效的物流仓储网络。物流运力与基础设施供应商未来的核心竞争力在于最佳的仓网布局、仓内商品的高效周转、物流设备科技开发与应用、对车进行集约化管理。

物流的"线"

物流的"线"，可以理解为供需匹配的物流产品与服务，即乙方（物流服务主体）为甲方（客户）提供的物流解决方案，其物理表现形式是一个可标准化、规模化运营的产品或服务。不同的物流解决方案，代表的是物流价值链不同节点与环节的连接方式。今天我们看到的各种物流形态，如快递、快运、电商物流、即时物流、同城零售物流等不同的物流传输"线"形式，就是针对不同的消费场景，对物流要素与节点进行不同的组合与调用。

物流运输业态中，专线物流是一种典型的将货与网点通过固定的线路进行连接的"线"，包括 A 点—B 点、A 点—HUB 枢纽—C 点等形式。大多数专线企业，货源结构单一，产品结构单一，大票占比高但利润薄。如果开展小票业务，会由于两端并未生成网络（专线由于固定的线路，能够连接到的网点不足）难以揽收，同时在末端配送环节无法实现集约化。

随着货源结构的变化（时代趋势是货源的特征越来越体现为零散、高频），扮演"线"角色的专线物流企业由于在运营上缺乏灵活性，生存较为艰难。原因在于，目前专"线"的存在方式是游离于网络之外的，缺乏更高维角色的赋能，只能连接到有限的"点"（指的是货主以及其他线路的货源），难以实现规模效应。从趋势上看，合并、重组或被网络型物流企业整合是专线物流的常见选项。专线之间如果通过联盟的方式进行整合，就有可能打造一张网络，实现规模效应和网络效应。

物流的"面"

"面"是一种更高维的物流角色,可以理解为平台化或网络化的物流组织方,通过连接双边或多边角色,如车、仓、港口、码头、船公司、海关,从而匹配多种供需。例如,菜鸟通过互联网连接了商家、园区、物流、仓储、海外履约中心、快递、自提柜等多边资产和角色,提供分单、路由优化、智能分仓、仓配一体化、跨境物流等多元物流服务。需要指出的是,加盟制快递企业,如中通、圆通等,实际上也是平台化的物流协同与组织方,通过实体连接与协同外部的各种物流角色,如网点、车队、分拨中心等经营方,提供端到端的物流递送服务。

"点"和"面"如何共生?

"点"和"面"是共生关系。所谓共生,就是能力互补、相互赋能。所以,需要明确"面"要做什么、"点"要做什么。"面"的赋能主要体现在底层基础设施建设,包括标准化的运营流程、规范物流作业体系、统一IT、利益分配机制的设计等,为"点"提供生存和发展的机会,从而激发"点"的活力。"点"的赋能,主要是发挥物流资产价值、业务价值与熟人关系等。在相互赋能中,最核心的是"面"该怎么做才能更好地激发"点"的持续活力,以保持网络的平衡性与稳定性。

中通快递就是一个典型例子。2008年，中通首推"有偿派费制"[1]和对欠发达地区加盟商给予补贴，打造公平均衡的利益分配机制。2010年，中通快递推动全网的"同建共享"，通过股份制改革将经营良好的加盟商转变成公司的股东，让员工持股大车队（即公司自营车辆），让"点"分享"面"的成长，以激发"点"的活力。网点的积极性提升，一方面带来业务增长，另一方面使更多的网点加入进来，这些加入的网点又会生成更多的业务线，从而推动网络成长。2009年，中通单日快递量为50万件，2011年单日订单量快速突破100万件，背后是"面"重构利益分配机制，大大激发了"点"的活力。在公司成立的早期，有些区域加盟网点生存不下去了，公司创始人赖梅松采取入股或帮忙寻找人接盘的方式进行帮扶，取得了加盟商的信任。中通自创立以来就秉承统建共享、信任和责任的核心价值观。这种价值观，是中通实现后发超越的根基。"面"对"点"的赋能，关键是共享的核心价值观，这也是总部和加盟商共建、共创、共生的前提。

以上是在快递加盟领域，中通通过利益机制的重构大大激发了网点、员工活力的例子。中国庞大的物流市场中有超过400万辆

---

[1] "有偿派费制"是中通针对网点不平衡推出的重要举措。过去，收发网点之间的派费是互免的。这会带来一个后果，西部等欠发达地区揽收少但派单多，免派费给网点带来了很大的经营压力。

干线重卡,其中绝大多数是由个体运输户拥有并运营,这些卡车司机在行业内处于最底层,不仅需要缴纳挂靠货运公司的费用,而且还面临缴贷款、缴各项费用、垫付运费及承担货损风险等重重困境,其生存状况和未来发展亟须得到赋能和改善。来自合肥的维天运通/路歌科技公司发展好运宝系统为货车司机提供运输过程管理和货车售后市场服务,帮助实现司机运输流程的数字化,包括接受货源、签订电子协议、上传回单、运费结算等环节;同时也为卡车司机提供运费保障服务、二手车销售、维修保养等服务,发展卡友地带的线上互助社群,提供货车司机各种在线问询服务,在交通事故或遇到极端天气等紧急情况下向货车司机提供现场救援;在货运平台领域,利用数字技术为卡车司机群体提供"生产、生活、生意"上的帮助,在提升卡车司机生存能力的同时还提升底层劳动者的获得感、幸福感和归属感。

"点"的活力一旦被激发,一些"异质性"的点就会进来,从而给原先的"点"带来新的连接机会和价值提升。前面谈及的路歌的例子中,保险、二手车商、维修点这些异质性的价值点加入进来后,卡车司机获得了原先享受不到的服务。再比如,作为国内最大的车货匹配平台,新满帮推出各种政策吸引货主、卡车司机加入平台;当平台扩张到一定规模时,就进入汽车后服务市场,吸引加油站、旅馆、汽车修理店、保险金融机构等一些异质性的点进场,构建与司机的新连接。"线"的交叉与组合,进一步丰富了"面"的内容——物种与价值,也让"面"不断扩张。通过延伸物流服务价值链,吸引异质性的点,创造新的连接机会,反过来又带动原来的"点"蓬勃发展。卡车司机通过在平台上积累的信用数据就能够与银行获得连接,获得银行低利息的贷款买车、修车和分期付款等服务,平台帮助优质司机扩张,也吸引更多的司机加入平台。

"面"的形成及演化路径

物流"面"的进化大致有以下四种路径:点→线→面,线→面,块→面,一开始就是一个"面"。前面三种,是传统物流企业向"面"演化的路径;第四种,是新创企业直接打造的一个"面"。

点→线→面

在快递快运物流领域,顺丰、通达系、德邦、安能等构建"面"的方式(行业中称为"起网方式")是"点→线→面"。通达系,大多是从一两个网点开始经营城市之间的业务线,并通过熟人关系将网点拓展到各个城市与区域;物流线路慢慢多了起来,有些区域内自身也形成了物流网络;通过长期经营,"线"和区域网络通过生长形成了我们现在看到的全国快递网络。

申通快递是通达系中成立最早的一家快递公司。1993年起家的申通快递源于在杭州成立一个的网点。创始人聂腾飞坐镇杭州取件并负责将货物送到上海（拿到业务时，当天坐绿皮火车从杭州赶到上海）；妻子陈小英负责打电话和谈业务；联合创始人詹际盛守在上海火车站接件后送往市区各地。1997年，申通相继在南京、苏州、义乌、绍兴、北京等地通过自建或加盟的方式建立网点。2010年，申通在全国的网络布局基本形成，网点覆盖全国各大省市县级区域。所以说申通全国性网络的形成，是从"点"开始的，并利用老乡熟人关系在各区域开网点、雇用员工、拉业务。随着业务的壮大，吸引了更多的网点、区域仓内分拨，再到后来搭建重点城市的枢纽型分拨中心，由点、线、块（区域网络），逐步演化成面。

线→面

在快运领域，德坤、三志、聚盟的起网方式是"线→面"。例如，成立于2017年12月的大票零担网络运营商——聚盟，就是从专线切入而后构建一张覆盖全国的大票零担运输网络。具体做法是，以城市为中心，在当地选择一个物流园区独家加盟，并为物流园进行专线招商。围绕中心城市，聚盟引入能覆盖该城市到全国各省的30条干线和省内二、三线城市的十几条支线，每条专线都是独家代理，并用同线整合、点点直达的方式提升专线运输的整体效率。物流交易平台"面"的构建，也是从线到面。当平台上集聚了足够多的双边角色与资产时，就会形成供需匹配的"线"；"线"再进行扩张与交织，慢慢形成一个"面"。

德坤、三志的做法有所不同，通过合资、释放股权的方式连接和整合当地的专线物流企业，吸引线路和当地的网点加盟，进而打造快运网络。

块→面

我们可以将"块"理解为区域网络（一般是省内区域以及邻近的跨省区域），"块"与"块"之间通过打通长途干线实现彼此之间的互联互通，从而形成全国性的网络。例如，壹米滴答的起网方式就是"块→面"。壹米滴答是由几家省级区域的物流"小霸王"进行联盟（即区域物流龙头企业带网加盟总部），并结合自建方式逐步构建了全国性的零担物流网络。与"点→线→面""线→面"起网方式不同的是，"块→面"起网速度较快，这种组网模式在快递、快运行业是较为独特的。需要指出的是，区域性物流网络的货物揽收范围有限，一般针对当地的专业市场。目前，传统的专业市场在电商的冲击下在逐步萎缩，区域物流网络也面临着转型升级。从商业模式来看，区域物流网络可以在保持原有区域物流服务的基础上，基于各自区域性物流网络能力上的互补性，构筑从"块"到全网物流网络的"面"的服务，以弥补区域网络在深度服务能力上的不足。

一开始就是一个"面"

新兴的数智物流平台，从成立时就是一个"面"。数智物流平台将货、车、仓、客户进行数字化连接。作为新进入者，物流平台通过吸引货运经纪人、专线、司机、各种运力等"点"的物流角色加入,为托运方提供"线"的服务。在此基础上,吸引银行、保险等跨业"点"的加入。当"点"与"线"的数量呈现指数级爆发时,自然演化形成了一个面/网络化的连接服务。菜鸟网络在创立伊始就聚焦打造一个数字"天网"以及仓库"地网",从"面"开始做起。

当然,在物流生态中,还有一种"面"的角色是打造物流产业的虚拟网络,可以汇集信息、人脉、金流、信任等。例如,运联传媒是一家服务于物流人成长与价值连接的新媒体平台,集趋势观察、行业研究、信息共享、资本与物流产业的对接、物流业协同的撮合与对接等功能于一体。例如,壹米滴答从6家区域性网络联盟升级到全国性网络,就有运联在背后推动。

"面"的价值取决于连接的"三个度"

如何判断一个"面"的价值?

大体上有三个维度:一是连接的密度;二是连接的广度;三是连接的深度。

密度,指的是某一个区域内"点"的数量,如某一个区域内网点的数量、分拨中心的数量、订单的数量等。"点"越多,颗粒度越细,密度就越高,就越容易产生规模效应与网络效应。广度,指的是物流在更广泛的区域连接业务与物流要素,如既能连接到华东区域的"点",又能连接到华北区域的"点"。深度,指的是跨越物流价值链环节的多少,如运、仓、配、端等,跨越的环节越多,就越能实现端到端的服务。物流服务越具有广度和深度,就越能够在更大范围内实现端到端的服务。快递公司是为数不多的同时具有密度、广度和深度的物流组织形态,网点密度高、在全国范围收发件、跨越物流全价值链路(一个区域的发货方、网点、转运中心与另外一个区域的转运中心、网点与收货方的线路连通),从而形成更广范围的规模与网络效应。

通达系通过加盟的起网方式,从"点""线",逐步演化形成了具有足够广度和深度的线下快递网络。从网络连接的性质来看,"点"的连通传统是以科层的方式被连接与管理,自由度较低,这也限制了产生更多"线"连接的可能。近年来,随着平台商业模式的兴起,物流节点之间的连接趋于开放化、共享化。例如,干线运输、城市配送、最后一公里配送与上门取件等细分领域的物流平台,广泛连接了货源方与车源方。物流设备设施共享平台,将一些存量的、闲置的仓库空间以数字化匹配的方式较有效率地共享给商家。数智物流平台,由于开放性、复用性所能连接形成的"线"的数量,远远超过了单一企业使用科层制所能进行的内部化连接的范围和数量。要实现全链路物流效率的提升,物流网络除了需要同时具备密度、广度、深度,还需要具备对物流线路进行解构与重构的能力,提高效率以及适应商业形态快速变化的需求。解构与重构的能力如何，决定了"面"是否能迭代生存。

"面"的扩张需要有对"线"解构与重构的能力

"面"的进一步扩张，需要对原来的线路进行进一步重组，产生更具附加值的"线"，以对供需进行重新匹配。相较而言，物流运力垂直服务平台虽然是一个"面"，提供的却是单一"线"（货找车、车找货）的场景服务，价值是有限的。单一的物流场景，决定了解构和重构的空间是有限的。如果涉及多式联运（即公路、铁路、水路、航空等多种运输方式的衔接与组合）、零担货物的集约，以及仓、配的物流全链路这种复杂的场景，就需要平台具备重构线路的能力。重构的目标，是形成实时、个性化的"货与场"的新连接。"线"的重构，需要对物流网络结构进行重新设计与优化，对网络中的物流要素与节点，例如网点、仓库/分拨中心、车、快递员等进行重新连接，形成新的"线"或"边"，以满足新消费场景的需求。物流网络结构中，跨城零售物流采取的是轴辐式网络结构，同城零售物流采取的是点对点全连通的网络结构。不同的网络结构对应不同的消费与物流场景，带来不同的价值特征。未来，在物流生态中，物流网络将不再是单一、固定的轴辐式或全连通式结构，而是动态变化的混合型网络结构。新型的物流网络结构，可以随时生成新的物流线路连接和个性化解决方案，且成本可控。上一章中我们提到未来的物流生态是产业共同体，所谓的物流产业共同体，实际就是运用数智化技术打造可扩展、动态混合的物流网络结构。

案例：壹米滴答从"块"到"面"的商业模式升级与数字化运营创新之路

据运联智库发布的"2020年中国零担货量Top10"排名，壹米滴答成为首家进入千万吨级货量的企业。从2015年区域起网到如今全国网络的搭建，壹米滴答走出了一条商业模式升级与数字化运营创新之路。壹米滴答的前身是几家独立的区域性网络物流公司，例如CEO杨兴运所在的公司是陕西卓昊。2015年3月11日，包括陕西卓昊在内的6家区域物流公司联盟，自带成熟的省内零担快运网络（B网），成立壹米滴答。后续，有5个不同省区的龙头加入联盟，同时总部在华东、华南等省区自建网络。通过"总部自建＋区域联盟"的方式，壹米滴答在成立之初便拥有了两张网络（A网和B网。其中，A网为全国性网络，B网为区域性网络），2019年又通过收购优速快递（大件快递业务）增加了一张快递网络（C网）。

目前，壹米滴答通过联盟、自建和收购的方式，实现了从"块"（区域网络）到"面"（全国性网络）的商业升级之路，逐步组建起了快运网络、区域网络、快递网络，实现了物流产品多元化与全公斤段覆盖。

壹米滴答自成立后，就开始推进产品与服务、品牌、结算、管理、信息系统的"五个统一"，其中信息系统的统一是核心。统一成员企业的信息系统，打造一个业务集中化、处理高效化、考核智能化的统一信息化平台，是实现数字化运营与管理的前提。银河系统是壹米滴答自主研发的底层业务平台，包括核心业务、智能移动、电子地图、订单管理、客户管理、车货匹配、车辆定位管理、商业智能管理、基础数据管理等子系统。银河系统的推广先是在A网展开，再循序渐进地引导盟商区域B网进行业务转移，并于2018年6月实现全网范围内的信息系统替换。在银河系统的底层架构上，公司开发了移动端微服务板块，具体有针对外部客户的小程序、公众号和针对内部用户的壹网通（针对基层收派员、客服、司机、管理职能人员）、优速宝（针对内部业务人员）、壹速宝（针对内部中高层管理人员）等App。

从搭建底层系统到开发移动端App，壹米滴答实现了对基层操作人员与管理人员的数字化运营与管理赋能。实际上，壹米滴答的数字化不仅体现为流程的数字化透明、管理人员数字化赋能，还体现为数字化对三网融合运营效率的提升。例如，A、B、C三张网络在提、运、转、派四个环节统合降本增效，不同网络的货相互搭载、车与分拨中心的共用等。如何实现不同网络的车线、网点、分拨中心融合，以降本增效？壹米滴答的做法是，利用算法模型（考虑了货量、距离、车型、时效性等指标）指导三网在车线、网点、分拨中心等环节的"融"与"分"决策。自从2019年收购优速快递以来，壹米滴答时效线路融合了1000余条，累计节约成本2000多万元，时效提升路由500多条；优速快递加入后在场地方面进行了部分分拨中心的重组合并，提升了分拨中心的装载力和操作效率。

几种"面"的物流平台角色

当下，承担物流"面"的数字平台大致可以分为：物流双边交易平台、无车承运人、物流设施设备共享平台、货运管理和调度服务平台等。

物流双边交易平台

物流双边交易平台又称"车货匹配平台"，连接的是具有供给或需求诉求的双边交易主体，如货主方/托运方（如工厂、经销商、经纪人、物流公司等掌握货源的组织）和承运方（如货运经纪人、车队、司机等掌握运力资源的组织和个人）。平台为供需双方提供撮合交易，让货主端与司机端实现大范围的连接匹配和智能化调度，其价值贡献在于解决货主与车主的信息不对称问题，即我们通常所说的"货找不到车，车找不到货"。

物流双边交易平台主要有三个细分领域，分别是干线运输、城市配送、末端配送。干线运力平台主要解决长途卡车的回程配货问题，以及货主的运力不足问题，其代表有新满帮、福佑卡车等。城市配送运力平台主要提供连接面包车/小型车辆与商家、个人的匹配服务，商家可以通过平台寻找短距离配送的运力，个人可以通过平台寻找搬家的运力，其代表有货拉拉、快狗打车等。末端物流众包平台一般是针对拥有电瓶车运力的个体，个体以众包方式加入平台提供末端配送，其代表有美团、点我达等。需要指出的是，针对末端配送的物流众包平台和干线、城市端的运力平台一样，都是做运力匹配的生意。不同的是，众包平台针对非专业司机或快递员这样的非特定群体，这类群体只要有一部智能手机和一辆交通工具，在空闲时间就可以抢单。这类群体具有非专业性，属于典型的存量沉睡的资源。

总体来看，车货匹配平台本质上是科技赋能物流，通过大数据和人工智能等先进技术来提升车货匹配的效率，提高司机行驶里程，降低空驶率。在行业的价值创造方面，车货匹配的价值创造主要还是集中在车与货的信息匹配服务、车后服务市场的衍生价值方面，基本上不参与物流过程的组织与优化等。运力平台着重通过开放式平台商业实现车与货的大范围连接，以及基于大数据与人工智能技术的车与货的匹配，满足的是零散的货运需求，缺的是产业深度服务的能力。对于货主而言，除了运输需求，还希望提供仓、配以及个性化的物流服务，这需要物流平台型企业拥有行业深度服务能力（如业务流程管理、IT支撑系统、供应链相关资源的布局），通过互联网扩大产业要素的资源池和客户的资源池，提升物流运营效率，释放产业价值。

案例：点我达智能调度管理即时物流领域200多万骑手

作为末端物流的代表企业，点我达以众包的方式切入即时物流领域，通过"平台+骑手"的方式来整合最后一公里的运力资源。点我达平台通过智能调度管理200多万骑手，为天猫、淘宝、菜鸟、饿了么等阿里系电商及物流提供服务。例如，点我达和菜鸟与屈臣氏、乐友母婴等品牌达成在供应链上的协同，为消费者提供分钟级配送服务。用户在线上平台下单，菜鸟将订单推送到点我达系统中，由点我达通过智能调度的方式将订单分派给最合适的骑手，完成配送。可以发现，末端物流的创新运营对零售变革极其重要。在零售端的商业体系中，末端物流、前置仓/门店和大数据一起构成了零售端商业变革的物流基础设施。点我达创始人赵剑锋认为，在新零售时代，消费行为数据的积累解决了"货找人"的难点，将货放在前置仓/门店是末端配送的起点，而平台的众包模式及对骑手的智能调度则解决了货物交付到家的效率问题。

无车承运人

与车货匹配平台提供信息服务不同的是，无车承运人主要是利用与整合物流资源（一般不拥有车辆资源），为平台上的客户提供物流的组织和端到端服务。与车货匹配的开放式平台不同，无车承运是一个半封闭半开放式平台，由平台来组织运输活动，保证物流服务的质量并承担运输风险责任。无车承运，现在国内称为"网络货运"。网络货运经营者依托互联网平台整合配置运输资源，以承运人身份与托运人签订运输合同，委托实际承运人完成道路货物运输，承担承运人责任的道路货物运输经营活动。相较于车货匹配撮合交易平台方不承担责任，网络货运经营方既是合同主体，又是责任主体。

在网络货运领域，北美的 C. H. ROBINSON（以下简称为"罗宾逊"）是一种现象级的存在，被誉为"没有一辆货车的世界物流巨头"。罗宾逊以无车承运人角色整合服务资源，超过 6 万家运输企业签约成为罗宾逊的合同承运人，其商业模式是轻资产的传统第三方物流中介模式，即从客户（货主）那里接订单，然后发包给平台上的承运商，并通过自身的科技平台和操作系统为客户提供个性化的物流方案以及实现全球范围内的业务流程可视化追踪。按照罗宾逊亚洲发展战略总监吕台欣的话来说，科技是公司成功的关键要素之一。罗宾逊有一个公司内部的科技平台，每年投入 1 亿美元用在平台的改进上，帮助客户实现全球范围内任何运输方式的可视化追踪。

物流设施设备共享平台

爱彼迎、小猪短租等房产共享平台的示范效应，给物流行业的共享化带来了极大的想象空间。物流设施设备的共享，通常指仓、末端网点、集装器具、装卸搬运设备等的共享。以仓和末端网点为例，近几年流行的云仓、统仓共配、智能快递柜、收货网点以及包括门店在内的流通和末端基础设施的共享，缩短了发货起始端和收货末端与消费者的距离，是物流设施集约化共享的重要价值体现。云仓是将一些存量、闲置的仓库空间以数字化、平台化的方式共享，使其成为公用的基础设施，提升了物流资源配置的效率。美国的 Flexe 是一家专为电商卖家寻找空闲仓库的公司，旨在把有闲置仓库空间的供方与有仓储需求的需方匹配起来。通过 Flexe 平台提供的按需仓储服务，商家可将货广泛分布在全美各地的仓库网络，并通过平台在全美境内为客户提供隔夜送达服务。实际上，这样的平台也属于双边交易平台，将仓的供应方与需求方连接起来。不同的是，仓的服务只是一个小环节，不属于端到端的服务，需要加上配送的服务才能实现全流程服务。所以，物流仓库的共享模式还可以在前端配送上进行服务的叠加和商业模式的延伸。例如，平台不仅提供仓的共享，还可以为客户提供末端的配送，末端的配送也可以平台化的方式来实现。

货运管理和调度服务平台

货运管理和调度服务平台主要解决物流设备要素的数字化、货运流程中的信息不透明，以及延伸出来的车辆智能调度等问题。货运管理和调度服务平台的代表企业有 oTMS、G7、易流科技、唯智信息、上海科箭等，通过"SaaS + App"连接货主端、司机端和客户端。不同的是，有的平台是从货主端切入，有的是从车队切入，提供车辆数字化调度和流程的可视化管控服务。例如，oTMS 就是从货主端切入连接运输，并基于平台运力池为货主提供运输调度和集成化的管理服务；G7 和易流科技是以智能硬件切入车队管理，为车队提供车辆要素的物联网化（司机、车、货、仓等）和数字透明的流程管控服务，如运输安全管理、智能配载与调度、时效预测管理、车辆司机管理等服务。在货代领域，总部位于美国旧金山的 Flexport 和总部位于上海的运去哪，提供的是国际货运数字化管理与调度服务。

有这样一个国际物流场景：一批货物先通过卡车运输至港口，再借助船运送至另一个国家。Flexport 要做的是让工厂与仓库、运输工具、海关之间实现无缝对接。这主要得益于 Flexport 建立的全球贸易操作系统，将全球贸易的参与者，包括进口商、出口商、海运承运商、航空公司、仓库、卡车运输公司和海关，集中到一个平台上，客户可以像订飞机票一样在线预订货船、卡车、货运飞机。平台负责与海关沟通，协调贸易商与仓储、运力公司、船运公司的关系以及为客户量身定制全球货运解决方案。在此基础上，平台可以根据用户的航线、交期要求等进行算法分析，帮助用户进一步规划航线，且每一部分的报价均透明，可以实时查看货运业务的进度和实时跟踪货物的位置。

案例：oTMS——货运管理服务的数字化平台

长期以来，国内运输市场有很多痛点，例如运输状态不清晰、多重分包、管控乏力等。凭借对商业的敏锐加上对传统货运市场的深度理解，oTMS 创始人戴若琪（Mirek Dabrowski）和联合创始人段琰认为"货源决定了物流的走向"，于是决定从货主端切入物流业链条。公司采用"SaaS 平台 + 移动 App"的模式连接运输，希望对传统的货运体系进行变革与创新，提升货运行业全链条、全渠道的运营效率。

2013 年，第一款产品 oneTMS 问世，提供运输链条的数字化解决方案。产品的解决方案主要包括三大部分：oTMS 云平台（针对货主与承运商）、"卡卡"App（针对司机）以及"到哪了"App（针对收货人）。其中，"卡卡"和"到哪了"App 通过移动互联网连入 oTMS 云平台，直接把前端信息与后端管理系统进行实时对接。在社区型管理平台上，货主、物流公司、运输承运商、司机和收货人可以单点更新数据并实时共享给社区里的所有成员，实现数据和信息的透明化和实时化，改变了数据和信息传输的分发模式。oneTMS 产品同时提供仓库预约（通过与货主的 WMS 系统连接）、快递管理（通过对接快递公司的推单系统）、冷链解决（通过与主流 GPS 厂商进行对接）插件服务。

2017 年，公司推出升级版产品 oTMS Orange（全橙服务），尝试从轻模式走向重模式。oneTMS 产品的设计理念是客户自己使用；oTMS Orange 产品的设计理念是货主企业把业务全程托管给平台，由平台来提供整体解决方案和运输管控服务，帮助客户优化供应链。相比 oneTMS，oTMS Orange 产品利用智能算法对平台运力池中的承运商进行挑选与调度，动态分单，规划运输线路。公司与客户签订合同，合同涉及成本节省承诺、SOP（标准操作流程）和 KPI（关键绩效指标）等。

从 oneTMS 到 oTMS Orange，数字化的价值贡献是升级的。从原先解决货运流程中的信息不透明、货主管理赋能问题，到利用算法帮助客户重构运输全链路，实现了运输全流程重构与效率提升的价值转移。例如，服装企业绫致与平台开展了围绕上海物流中心的运输与配送业务合作，由公司提供包括订单分配、执行、异常订单处理、承运商 KPI 管理、流程改造在内的一系列增值服务，对物流中心包括入港、出港、退货及店铺调拨在内的整体运输业务流程进行管理指导，优化了绫致的供应链运输运营体系。

物流的"体"

"体"的演化

物流的"体"就是跨领域的产业共同体或生态共同体的概念，可以理解为平台的嵌套或产业各环节的平台组成的生态共同体。"体"，主要体现为多个"面"交织形成的供应网络协同。例如，车货匹配、快递与零担网络服务、B2C 和 B2B 物流服务、运仓配一体化服务以及供应链整体解决方案，都可以在一个生态体内完成。我们可以看到，以上所提及的各种物流场景服务都是由不同的"面"来完成的，这些"面"都是隶属于不同类型和物流服务模式的组织。"体"可以在一个传统物流主体或者平台、生态体所构建的"面"的基础上演化而来，"面"的扩张能力决定了"体"的形成和格局。例如，快递物流服务的"面"如果能够突破组织边界，通过开放连接的方式让卡车、货车、司机和网点自由介入，也许能够演化新的"线"与"面"，例如零担服务网络、专线平台、车货匹配平台、物流设施和设备的共享平台、物流金融平台等。

"体"的形成，也可以基于"线"与"面"的协同。"线"和"面"之间如果能产生化学反应，可以催生新的"点""线"甚至"面"的生长。例如，成立初期的菜鸟联合快递企业、仓储管理方共同打造仓配一体化服务，对商家到消费者的货物流转的"线"

进行解构（例如，原来是传统的上门取货的快递业务流程，现在是通过供需精准匹配将商家的货进行前置），重构了新的"线"（如商家、快递公司、网点与小区的精准匹配）。同时，新的"线"的产生也吸引了更多的"点"和"线"加入平台，如商家、消费者、快递员、仓配服务商、技术服务商等，从而迈向一个多"面"嵌套的生态协作"体"。

供应链物流协同平台是物流"体"的雏形

目前，有哪些物流平台具备了向"体"进化的潜力？

我们认为，是供应链物流协同平台。

供应链物流协同平台注重商流与物流的深度互动，更加注重从商流的角度来优化物流，并以物流业务为基石开展集商流、信息流、物流于一体的供应链协同服务。供应链物流协同平台连接了各类物流提供商、用户和其他相关组织机构等多边组织，包括商业主体、金融、运力、物流基础设施服务商等。连接的主体越多、跨越的价值链环节越多，平台所能产生的协同效应就越强。协同效应是平台向智慧体进行演化的核心动力，通过对"点""线"甚至"面"等物流角色的广泛协同，打造一个要素共享、价值共创、利他和相互赋能的物流产业生态圈。

数智化物流网络协同效应的产生，是技术和服务模式创新协同演化的结果。其中，技术创新催生了服务模式的创新；反过来，服务模式创新激发了技术的创新应用。

在物流数智化的进程中,数字技术起到的不仅是连接的作用,如供应链物流平台通过 API、SaaS、电子面单等数字化技术将电商平台、商家、品牌商、运力组织方、仓储管理方、港口和物流园区进行数字互联互通。连接本身不是目的,连接的目的是产生化学反应,共生共荣。在电商物流服务模式中,大家所冀望的仓配一体化可以理解为:一是提升物流仓内分拣效率并做到物流配送的无缝连接;二是提升备货的准确性,做到"订单未下,物流先行"。以菜鸟为例。2016 年 5 月,菜鸟将"电子面单"系统与高德地图的空间定位技术结合,将所有地址分拆为结构化的"五级地址库"。五级地址库是将国家标准四级地址库再精细到小区和楼栋的经纬度,从而优化最后 500 米的配送。值得一提的是,五级地址库以开放的形式给到需要地图地址的 O2O 企业、智能硬件企业。[①]"电子面单+五级地址库"的技术创新,一方面提高了分拨中心的分拣作业效率,另一方面帮助合作的快递公司实现了包裹与网点、小区的精准匹配。菜鸟借助"路由分单"的技术创新,催生了"仓配一体化"物流服务模式的形成,并且借助物流服务模式创新

[①] 《菜鸟和高德的"5 级地址库",能给物流业带来什么影响?》,36 氪,https://36kr.com/coop/toutiao/5046790.html,2016–05–09。

打造了初级版的"菜鸟平台生态系统"。① 在"仓配一体化"服务模式所带来效能的基础上,更多的快递公司、落地配等运力参与到菜鸟平台的协同运营中,阿里巴巴电商平台上的更多商家也愿意将货放在菜鸟仓,平台的丰富性进一步增强。服务模式的跑通也激发了服务的丰富度和管理的精细化,拉动了技术创新。菜鸟依托逐步积累的数据、算法能力顺势推出"大数据路由分单"技术,提供"智能分仓"服务,将拟入库的货物与消费者进行精准匹配,实现从"人找货"到"货找人"的转变,推动了阿里集团新零售战略的落地。

物流的"体"有什么特征吗?

我们认为有两个关键词:数智化协作、面向产业链整体。

"协作"是一种意愿,也是一种效应、结果;"数智化"是一种建立协同意愿的工具和方法,代表的是一种能力。能力达到了,就可以赋能输出价值,外部组织和要素资源连接进来的意愿自然增强了。反过来说,当更多的组织愿意将物流要素连接进来共享,又会促进技术创新与服务模式创新的协同,驱动物流平台的持续演化和生长。能够协同更多的物流角色,并能提供多功能、面向产业链的物流集成服务,其"体"的形态将逐渐形成与丰满。

---

① 张季平、骆温平,《基于云物流平台的技术与服务模式协同创新耦合机理研究》,《大连理工大学学报(社会科学版)》,2019 年第 3 期。

协作包括两层意思，一是商流与物流之间的协作，二是不同物流角色之间的协作。目前，能称为供应链物流协同管理智慧体的并不多。例如，菜鸟从一家以数据驱动的社会化协同物流平台（面）开始，提供多边连接（电子面单）、网络化运营（菜鸟通达联盟），在迈向物流产业智慧体的过程中，自建部分物流能力，如同城配送运力（菜鸟驿站、菜鸟直送）、托管式供应链服务（菜鸟供应链），然后融合数智技术进行重构，再度带动生态圈进行更广泛高效的协作。

扩展到智能商业智慧体的构建，物流企业也可以将物流服务向上延伸至采购、生产等环节，同时结合零售平台、品牌商进行商业全链路的重构。例如菜鸟可以协同阿里巴巴淘宝和天猫电商平台上服装商家的设计、创新、销售信息与迅犀提供的柔性快返制造能力，帮助服装行业把频创新、小批量下单、后生产、快返单的C2M模式真正跑通，带动行业运营流程、商业模式、客户体验的全新变革。

京东物流，则是聚焦一体化的供应链物流服务。京东通过将内部物流基础设施面向社会开放，并结合京东商城的商流洞察能力赋能体系外的商家，针对不同行业的品类、需求特征和行业技术诀窍，一起共创行业的供应链整体物流解决方案，如销量计划（结合商品特征、季节性、天气等多维度因子进行数据预测）、存货布局（针对商家提出的实效与成本要求）、智能补货与库存动态优化（结合动销数据）等。

快递行业领先企业顺丰也在试图通过并购、加大数字科技研发的方式将其强势的快递板块业务延伸至源头制造端，做全供应链流程的物流服务，例如并购 DHL 中国区的供应链业务、夏晖冷链物流业务、嘉里物流的国际综合物流业务，投资创立顺如丰来智能数据技术公司，计划为企业客户提供从原料采购、生产、仓储、运输到进口清关以及最后一公里配送的供应链整体解决方案，并在各个节点都加速商务智能和数据分析赋能。应该说，顺丰未来要打造一个物流协同网络平台是可期的，但是成为一个供应链协同智慧体的难度仍然不小。和阿里巴巴、京东相比，顺丰缺失的是商业。作为一个很重要的"面"，拥有商业基因或者打造一个商业是物流实现从"面"到"体"升级的重要维度。缺商业基因，也并非不能打造一个物流"体"，物流企业可以通过并购的方式切入供应链业务领域，实现与商业更好地融合发展。

要成为"体"，物流需要将价值链环节延伸到产业端，能够跨越多个物流价值链环节，面向商业多场景需求，通过技术与机制协同，与品牌制造商、同行共创物流价值协同网络。

如何从数智物流平台的定位看物流的"体"？

我们从物流角色（单边、多边）与物流场景（单一、多元）两个维度来思考数智物流平台的定位，如图 5-1 所示。单一物流需求场景有些是分段的物流服务，跨越的物流价值链环节较少，只需要单边物流角色来执行任务；有些则是端到端的物流服务，跨越多个物流价值链环节，需要多边角色的协同。例如，有一批货要从 A 点运送到 B 点，而这个到 A 点上门取货然后运送到 B 点的运输场景比较单一，只要货物的重量与体积与某一辆卡车的车型、所在的位置相匹配，就可以对该车进行调用。相反，要把一个小包裹长距离地从 A 点运送到 B 点，调用的"点"除了卡车（长途货运），还有货车（短途货运）、分拨中心、网点等多边角色，并进行协同。

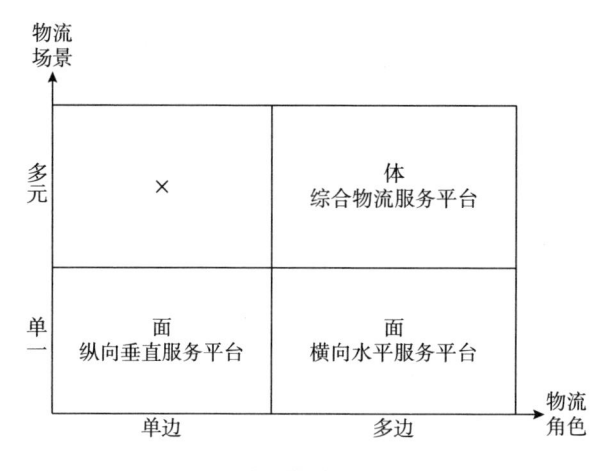

图 5-1 不同物流场景对数字物流平台的要求

针对单一物流需求场景、单边物流角色，可以通过打造"纵向垂直服务平台"的"面"提供特定的服务，包括干线运输服务、同城配送服务、仓储服务、订舱服务、报关服务等。例如，货拉拉、新满帮就是通过调用单边物流角色服务于单一物流场景需求的垂直服务平台。

针对单一物流需求场景、多边物流角色，可以打造"横向水平服务平台"的面。例如，快递、跨境B2B物流就场景需求单一，物流链条长，涉及的物流功能较多。所以，快递以及前面提及的货运管理与调度平台，就是为了满足单一物流场景而打造的一个横向的"面"，"面"调用多个"点"和"线"的角色完成端到端全流程服务。例如，运去哪、Flexport、九曳供应链、马力科技就是通过调用多边角色提供端到端物流服务的例子。在生鲜冷链领域，九曳供应链、马力科技以供应链管理服务平台为载体，运用数字技术聚合生鲜供应商、冷链仓储商、冷链运输与配送商等多个物流角色，从而匹配了跨越物流价值链多个环节的客户服务诉求。

案例：九曳供应链——一家数字化的生鲜冷链物流服务平台[①]

九曳供应链是一家数字化生鲜冷链物流服务平台，主要为国内原产地农业食品企业、国外原产地生鲜企业、线上线下零售企

---

① 九曳供应链的冷链物流服务在新冠肺炎疫情期间遭受较大影响，目前公司业务在向数字农业、冷链园区的数字化解决方案进行转型。

业提供全程数字化生鲜冷链物流服务。公司于 2014 年 7 月成立，希望通过整合社会化冷链物流资源为客户提供全程冷链的干线运输、仓储以及宅配服务。目前，公司业务进一步拓展到除冷链物流之外的信息服务和行业解决方案。九曳在国内已开通 30 个生鲜集散中心，在海外布局 22 家分公司，生鲜云仓内可支持 8 个温区管控。基于云仓打造的干支线运输线路达 1800 多条，城市覆盖率达 95%，业务涵盖鲜花、红酒、冰激凌、鲜奶、果蔬、海鲜水产、牛羊肉类等。

2015 年 5 月，也就是拿到融资后的 4 个月，九曳通过助力烟台樱桃上行迎来第一单。烟台是中国的樱桃主产区，随着电子商务的发展，烟台地区的电子商务经营者纷纷开始在淘宝、微信上做起了樱桃销售，但物流服务更多依赖快递公司进行配送。按当下纯快递的作业形式，全程最少经过 14 次装卸，并且装卸作业都是小包裹形式的人工装卸，并不能保障娇嫩的樱桃的运输。本地商家找到九曳，希望公司能解决从烟台到北京、上海、广州、武汉、成都等城市的低温物流问题。2017 年，九曳尝试在樱桃冷链保鲜技术的第一个环节——樱桃水预冷技术上发力，在九曳烟台运营中心配备樱桃水预冷和分选设备，预冷、冷链运输、冷藏包装配送一体化解决了本地商家设备采购费用高、樱桃冷链运输的难题。

据九曳 CTO 侯高阳介绍，在接第一单之前，九曳就已经自主研发了"供应链生鲜云平台"，由 ERP、OMS、WMS、TMS、DMS、大数据分析等组成强大信息系统。整套系统可以实现从产地到客户的全链路数字化，并以信息互联为基础实现物流协同。九曳创业团队深知，信息不透明、断层是生鲜冷链物流服务的最大短板，必须要在物流 IT 上面下苦功夫。第一单冷链物流流程是：商家通过 OMS 系统下订单，九曳寻找当地冷链运输企业将生鲜产品从产地运输到消费地仓库，在仓内将订单分拣好后，寻找本地冷链配送企业将生鲜包裹配送至顾客。2016 年 5 月，九曳运输管理系统正式上线，弥补了冷链干线运输流程的信息缺口，冷链物流做到了全程可视化。2018 年 1 月，九曳上线了生鲜品类的 B2B 交易平台——全直鲜，以打通供应链上下游客户资源，实现交易闭环。

依托供应链生鲜云平台，九曳通过服务模式输出，与上游生鲜供应商、下游生鲜渠道商、冷链干线运输商、冷链同城货运商、金融机构共同服务消费者，已初步具备了生态型 S2B2C 商业模式的雏形。

多元物流场景的需求是无法通过调用单边物流角色满足的，需要调用大量的多边物流角色。多元物流场景包括 2B 物流、2C 物流、跨城零售物流、同城零售物流等。多元物流场景需求的满足，需要跨组织、跨领域、多边物流角色协同甚至是供应链层面的协同。前面我们谈到，物流企业若有志要为品牌商、商家提供多元、高集成度的物流综合服务，就需要打造一个物流综合平台甚至供应链管理协同智慧体，协调品牌商/商家、仓配服务商、快递公司、物流技术服务商、物流众包平台等多边资源。多元物流场景需求、物流多角色协同对服务提供方应该是一个"体"的概念，单独的一个"面"难以胜任。未来，"体"的形成需要协同各种"点""线""面"物流角色进行共创升级。在原有的"面"上，能不能继续演化更多的"面"、实现"面"与"面"的融合，并吸引更多的"点""线"参与进来共同进行价值创造，是物流的"面"在未来要升级为"体"时需要思考的一个重要方向。

新商业时代的物流并不是对传统物流的改良，或者只是基于某个物流节点的创新，而是基于"面"和"体"层面上多维度、立体化的升维。当然，这需要心智、制度、组织和运营等层面的协同。在立体化的创新体系下，物流将会实现技术、管理、模式、运营等方面的集成创新。物流的集大成之创新，离不开商业母体的孕育。在创新的商业生态母体上打造出一个物流生态是大概率事件，阿里巴巴孕育菜鸟、京东集团孵化京东物流就是其中的好例子。

案例：菜鸟联盟共同体

依托阿里巴巴强大的数据商业，菜鸟网络正在打造一个数据驱动、开放协同的社会化协同物流平台。在全新的商业关系（物流平台、商家、仓配企业、快递企业之间的网络协同）下，菜鸟依托基础建设（例如，自建仓或联盟仓、统一的数据标准和系统化的规划体系）、信任建立（与商家、物流合作伙伴之间在数据资源上的信任关系的磨合）、协同管理（供应链运营环节的协同管理、利益分配机制等）、技术赋能（通过数据和算法为商家提供备货指导、为物流合作伙伴提供电子面单服务和订单分配、菜鸟物流云为商家提供干线运输、透明化运输、路线优化服务等），不断突破商业和物流的边界。在开放的协同网络和数据智能环境下，围绕仓、货、车的数字化连接，菜鸟可以对入菜鸟仓库的商家的货进行大范围调动和智能分仓、智能分单。当然，这与菜鸟联盟的共同体在组织、管理、技术与运营等层面的协同是分不开的。

未来的物流生态智慧体有哪些特征？

未来，新的技术和连接机制可以让平台之间在没有顾忌的情况下进行跨平台协作，通过"平台＋网络＋集成"的运营方式创新，打造一个物流生态智慧体，实现各种物流模式的高度融合。这个物流生态智慧体系具有三个特征：平台化、网络化、集成化。平台化，是为了保证物流要素与资源的开放性参与和自由连接。网络化，是为了保证物流能够以毛细血管的方式实现点对点、端到端的物流交付。实际上，平台化和网络化改变的是物流要素之间以及物流要素与客户的连接方式,并没有改变物流要素的供给结构。集成化,是将物流要素重新分工、组合与协同起来提供整体解决方案,创造新价值,多数情况下需要管理和协调多个物流"点""线""面"的服务交付。相比双边物流平台、网络式物流组织,未来的物流组织创新,将会兼具平台、网络和集成的特征,我们可以称之为"智慧物流平台网络体"。大胆设想,菜鸟网络、顺丰、京东物流等巨头以及其他互联网多场景物流平台之间存在跨平台协同的可能性,并形成一个超级物流平台网络。当然,这可能需要借助加密技术来保护平台核心信息资产的私有性。例如,区块链是一种具有去中心化和智能合约特征的新技术与协同机制。建立在区块链平台上的物流服务平台,提供了一种"面"与"面"跨界合作的想象。

当下暂且没有成熟的物流"体"的原型,我们很难对"体"进行具体"画像"。但可以确定的是,物流"体"所迸发的能量是"面"的很多个数量级,会对整个物流业的资源分配方式产生巨大的影响,甚至会带来商业、金融业与物流业等跨产业的重构。当然,物流能够实现多大范围内的协作共创价值,还受制于产业整合的广度和深度。越是一个互联互通的产业共同体,越有可能打造一个平台化的物流共同体。因此,拥有商流和物流基因的零售平台型企业、对客户和市场有深度洞察和理解能力的品牌商和零售企业,将会成为产业互联网时代物流"体"的缔造者。未来,物流生态"体"将会继续沿着商流、信息流与资金流等不同的维度进行扩张,向供应链生态"体"进行演化。

表 5-1 点、线、面、体的代表性企业

	代表案例	经营重点	商业模式	主要挑战
点	大量的中小运输企业、诺力机械、东杰智能等	车辆、仓、叉车、分拣设施等	提供物流设施、设备服务	技术研发、重资产投入
线	大量的专线运营企业、oTMS、G7等	专线、车辆的调度、物流链条的可视化等	线路优化、流程的数字透明服务	单一的物流场景与价值创造
面	顺丰、"三通一达"、新满帮、壹米滴答、菜鸟、京东物流等	快递与零担物流、基于平台的车货匹配及车后市场服务等	基于加盟或平台化的物流交易和服务	商业基因不足
体	阿里+菜鸟网络,京东+京东物流,美的+安得,海尔+日日顺,等(迈向但尚未完全成为)	运仓配装保一体化、各种供应链服务平台的整合、面向产业链的供应链解决方案	基于商流平台开展产业链协同供应链服务	如何生成更多的"面"以及如何吸引"面"的加入

未来平台再升级:重新定义物流平台

物流平台是"服务+运营"的产业平台

物流平台是遵循消费互联网思维还是产业互联网思维?

我们认为,物流平台是为产业服务的,既能提供底层的数字化设施服务、SaaS 应用服务，又能协同参与方的要素与资源，承接具体业务并提供个性化的物流解决方案。

针对行业的不同和同一个行业的不同发展阶段，平台模式的思维也会发生变化。例如，阿里巴巴电商平台在过去很长时间扮演的是撮合线上交易的"面"的角色。但是今天我们看到，阿里巴巴通过产业协同将自身定位上升到商业"体"的角色。商业体，自然需要物流体的匹配。所以，在产业融合发展的大势下，我们需要重新定义平台，特别是针对物流这种重线下运营、重行业运营效率的行业。当下流行的让货与车、快递员进行简单匹配（却无法管理交付及全流程）的物流平台，其实是一种停留在消费互联网思维的流量经济，对物流行业的价值贡献是有限的。

我们认为，未来的物流平台应该再加上"产业"一词，称为"物流产业平台"或"数智物流产业平台"，这是一种产业互联网思维。物流行业的价值创造，仅仅改变货与车之间的信息不对称、物流流程的不透明是远远不够的，重要的是改变物流业的运行方式和价值创造方式，真正提升行业的整体运营效率。

物流产业服务平台的底层逻辑是什么？

我们需要思考的是，运用产业互联网思维，将平台型企业具备开放性的商业模式、擅长资本运营、擅长数智运营的优势，与传统物流企业的行业运营经验、客户资源等接地气的部分结合起来，共同打造懂客户、懂数智运营、能够将物流要素与资源效率发挥到极致的商业模式创新和产业组织创新。产业的融合程度、产业组织形态在很大程度上决定了商业模式能否进一步拓展，以及实现多大程度的创新。物流在产业组织层面的创新，类似于"产业集群+数智协同"的概念。产业集群是由众多自由独立又相互关联的小企业，依据专业化分工和协作的关系，在某一个特定地理位置进行空间上的集聚而建立起来的产业组织，这是介于市场与科层之间的中间组织。与通过空间集聚实现产业集群效应不同的是，物流产业平台通过平台化、数智化、虚实结合的方式将范围更大的多样性物流组织进行数字化连接。例如，钉钉帮助立白构建协同上下游的物流生态，将立白的上下游合作伙伴，如上千家经销商、上百万个零售终端和运输管理方、上万名配送司机等多方角色进行跨组织协同。[1] 物流产业组织协同的目标，就是让各类物流组织之间能够实时按照共同的计划，步调一致地行动，产生协同的增值，得到共赢的回报。

将物理世界数智化后形成的物流平台，既不同于纯粹的消费互联网平台，又不同于纯粹的实体物流产业集群的形式。其特点是，物流产业互联网平台会参与甚至主导行业的改造与运营。传统意义上的产业集群一般由政府主导建设，并为入驻园区的企业

---

[1] 《钉钉CEO无招：钉钉帮助组织智能协同从内部走向生态》，亿欧网，https://baijiahao.baidu.com/s?id=1653253212147940501&wfr=spider&for=pc，2019-12-18。

提供良好的经营环境，如仓库租金减免政策、税收优惠政策等，一般不参与运营。一直火热的电商平台/消费互联网，在初期的定位也是中间媒介，并不参与商家的运营。现在我们也看到了，无论是阿里、京东还是拼多多，都在为商家的经营提供深度服务，如物流、支付、金融、数据等，并用平台所积累的能力为商家进行渠道赋能，甚至参与商家的采购、生产、销售、物流等供应链运营。

由于难以从根本上改变物流行业的痛点，近几年来物流撮合平台的热度有所降低。平台从撮合交易型到承运型和服务型等，代表着网络货运平台的发展趋势。作为承运型货运平台的代表，福佑卡车通过经纪人竞价模式，整合了大批线下更加有竞争力的经纪人，经纪人的经验、人脉、专业度远强于司机。因此不同于撮合交易平台，"承运型平台"与货运经纪人之间是总部与业务单元分工的关系，平台参与到物流的具体运营中。服务型网络平台一般提供物流园区服务、硬件设备的数字化服务，大都是科技派。例如，G7、中交兴路就是从车载传感器、GPS、SaaS支持、车联网等物流科技产品切入，帮助客户搭建数据接口和系统，打造物流要素、流程数字透明化的物流产业服务平台。未来，服务平台也可以基于连接的物流资源，为客户提供货运管理运营与调度优化服务。例如，前面提到过的美国Flexport平台，从一开始就定位于货源管理与调度服务，为出口企业提供价格透明、流程透明的国际物流运营服务。

数智化助力物流商业模式升维

从数智化程度、物流要素两个维度看物流商业模式,是开放还是封闭,是管控还是协同?

数智物流的最高境界是一种开放式的协同,这个观点在产业界也得到了认可。但事实是,目前影响力大的物流企业,如顺丰、京东物流,都存在较强的中心化管控(过去,一般称为"自营")方式。在传统物流的年代,中心化管控被认为能带来较强的品质管理与运营效率。通达系采取的是加盟模式,即总部连接分拨中心、网点等角色,总部连接的角色相对固定(例如,网点是加盟型的非自由连接,不同快递公司下的网点是不共享的),还不算是完全开放式平台。菜鸟网络,应该说是物流行业里谈资最多的一种轻资产协同模式。但是,菜鸟也有"重"的一面,例如在物流运营的核心环节,如"仓""物流履约中心"等也是自己建设或是采用投资、控股的方式。影响物流组织形态的因素有很多,例如企业家看待商业竞争与合作的理念、社会信任与机制、数字化程度、特定行业的运营要求、是否有足够多能胜任特定运营场景的生产要素等。

我们认为可以从数智化程度、合适物流要素的可得性两个维度来思考物流的商业模式。现以京东物流为例,解释合适物流要素的可得性。京东物流是自营，是在当时外部物流环境较差的情况下的选择。例如，以快递的服务质量、快递员的素质、配送中心的自动化水平而言，当时外部合适的物流要素可得性较低，为了保证物流服务质量，京东选择了自营，对物流配送中心的建设、快递人员招募与培训进行了重投入。在数字化程度较高的当下，京东通过加大数字化投入实现了物流全链路的数字化运营，物流服务质量得到了进一步提升。产业数字化程度取决于互联网、技术、大数据与人工智能技术的发展。数字化程度越高，越容易形成平台模式，物流要素越容易被数字化，通过平台化的经营模式调用外部物流要素就越容易实现。

在信息化程度不高的传统商业年代，物流的运营是封闭的，包括自营、外包、"自营+外包"三种模式。对于货主来说，涉及单一的物的空间位移与仓储等活动，从外部寻求司机、车队和仓库较为方便。如果涉及自动化配送中心的运营、库存控制以及物流总体解决方案等专业化水平要求较高的活动，外部寻求相对较难，可以选择自营方式做管控。这种"自营+外包"模式不仅出现在商业企业中，物流行业中也大量存在。例如，快递是"总部自营+网点加盟"模式的典型。大多数快递公司是由自营分拨中心控制货物的集中与分拣效率（自动化、数字化运营的分拨中心这种物流要素从外部难以获取或者外部协作者通过数字化提升运营能力的意愿不足），网点采用加盟方式（网点这种物流要素的可得性较高)。

随着数智化程度的提高,虽然通过平台化整合外部物流要素逐渐流行起来,但物流的核心资源从外部不容易获取,自身能获取规模化效应的要素与环节,大都还是采取中心化管控的方式。国内快递在发展初期,区域分拨中心是加盟制的。后期,当订单与业务达到一定程度的时候,总部意识到分拨中心是提升全链路时效和人工效能的核心抓手,于是开始通过并购、股权置换的方式逐步回收各区域的分拨中心。例如,中通快递于2010年起,通过股权置换将原先加盟的分拨中心变成直营。目前,中通在全国的分拨中心有91个,其中有82个是直营。

京东集团董事长刘强东认为,未来,包括物流在内的零售基础设施和当下不可同日而语,"体验、成本、效率"的获得可以不再是一体化整合的模式,可以依靠平台化整合、网络化协同的方式从外部寻求。我们认为,物流平台采取哪一种组织模式,主要受到物流科技发展水平和合适物流要素的可得性两个方面的影响。当物流的数智化程度较高时,针对特定的物流服务需求,商业可以采取三种物流组织模式,如图5-2所示。一是当特定的物流要素从市场上的可得性较高,去中心化的平台模式会占优势;二是当特定的物流要素可得性一般(指的是有的物流要素可以轻松从外部获取,有的则较难),物流的数智化程度较高时,中心化管控与去中心化协同并存的平台模式会占优;三是当特定的物流要素可得性很低时容易倾向自营，但此时若物流的数智化程度升高，中心化管控就成为可能。

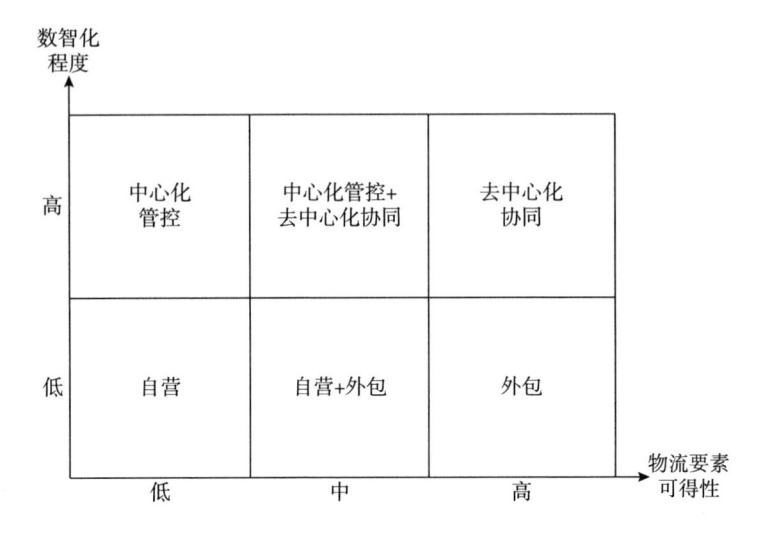

	低	中	高
高（数智化程度）	中心化管控	中心化管控+去中心化协同	去中心化协同
低	自营	自营+外包	外包

（横轴：物流要素可得性）

图5-2　数智化程度与物流要素的可得性决定物流模式

物流的"去中心化"协同是未来趋势吗？

我们认为，去中心化的协同是未来物流产业组织演化的大趋势，但也并不是一蹴而就的。大致有两个原因。

一是外部的物流环境问题导致难以寻求到与平台发展相适应的物流要素。例如，针对电商业务的大型配送中心、分拨中心，仓内设备的自动化水平、数字化运营水平较高，这样的物流要素是稀缺的。还比如，冷链物流的设施设备及运输车辆由于投入成本较高，也属于稀缺性的物流要素。越是稀缺、专业化的物流要素与资源，就越需要通过自营、自身投资的方式来确保获取。

二是对于需要跨越多个物流价值链环节又需要对某些环节进行重构整合的，受限于技术、平台机制设计等因素，协同外部物流要素的难度大、成本高。例如，快递、品牌企业的物流全链路运营、跨境物流的全流程等，所跨越的价值链环节较多，需要将多个功能互补的"点"进行协同，就会存在上面提及的两个问题。

我们暂时还没有看到完全通过平台协同外部要素来深度改变物流全链路运营效率的例子。以快递与快运为例，当下，快递和快运企业采取的是自营或部分自建、部分连接外部要素的方式来构建网络。供应链物流协同平台如菜鸟网络，协同的物流要素要多一些，但是在中心仓、区域仓以及部分区域的末端配送这些环节还是采取了自建（中心化）的方式。

国际货运管理与调度平台，如 Flexport、运去哪等虽可实现全链路的数字化运营，但对行业的改变还是局限于帮助客户选择与连接更合适外部的合作伙伴。这样的做法是基于数字化技术、算法的帮助，对现有的存量物流要素进行重新连接。大物流效率的提升，需要进行大范围的物流要素解构与重构，以实现整个社会的物流效率的提升。

我们不禁要问，端到端的物流体系是否也可以通过"数字技术赋能 + 去中心化协同"的方式来构建？

中心化管控与去中心化协同，在什么情况下具有等价效应？

我们的观点是，只要能够达到规模化运营，自营与外包、中心化管控与去中心化协同是具有等价效应的。例如，在快递快运业务开拓的前期阶段，基于降本的考虑，总部可能会将某些线路的运输业务外包出去。一旦这条线路发展起来了，订单量足够大，总部就有可能从外包转变为自营，自己买车和招聘司机。

现实中，物流公司通常会选择部分区域线路自营、部分区域线路外包的方式，甚至对同一条线路的不同环节采取不同的运营方式。以专线为例。第四章中，我们对专线的角色做过阐述，专线在前端收货和后端配送运营上处于劣势。前端一般收的是大票，小票业务都被全网型的传递、快运公司收取。后端货物运输至某一个节点时再分散配送出去，成本比较高。传统的做法就是在某一个区域和一些固定的派送网点进行合作，这样效率是不高的。比较好的一种衔接方式是，当不同专线的货到达某一个配送节点（如某一个物流园区）时，进行不同线路的分拆，比如通过在不同的线路整合司机的方式，定人定线、多点提货、多点派送。基于专线的末端痛点，会衍生出类似于美团、饿了么的外卖配送模式，末端配送距离一般在 50~100 公里的合理运距范围内。拼车宝就是以专线为目标客户开展末端整合配送业务的平台，它以系统和 App 连接专线和司机，通过大数据分析将即时订单转化为计划性订单，制订了不同区域的线路拼车派送运营方案。这里想表达两个观点：一是当在某个环节通过自身就可以实现规模化运营时，企业一般采用中心化管控方式；二是当物流中的某一个环节难以依靠自身的力量形成规模化运营时，外包或去中心化协同的平台模式就成为解决效率问题的重要选项。

以上所讲到的规模化，是从特定的运营线路来看的。如果站在收、发、转、运、派等全价值链视角来审视，规模化运营的体现并非线路本身这么简单，而是物流运营中各个环节无缝相连优化所带来的整体效率释放。例如，在仓配一体化运营中，需要考虑从厂家到中心仓到终端仓的整体物流网络布局；在快递运营中，需要考虑收发网点、一级分拨中心、二级分拨中心的整体快递网络布局。物流的规模化运营，很难从整体上去界定中心化管控还是去中心化协同，这需要以动态的视角来考察。事实是，不同的物流企业在各物流节点布局的方式都不一样，在仓、运、配的自营与外包协同上呈现出不同的组合方式。另外，同一个物流企业，在不同的发展阶段也做出不同的战略动态调整。除了规模经济效应，范围经济效应、管理协同效应的产生是难以通过封闭式组织与运营模式来获取的，传统物流向物流产业平台转型是必然趋势。当然，转型的初期可能是基于物流价值链的某个"点"的平台化，在这个基础上再考虑做其他价值链环节的平台模式。

例如，通达系、顺丰快递、京东物流、菜鸟网络等，也可以在专精特新的环节打造"点"的垂直服务能力为自身服务，然后通过平台化扩大规模。这些垂直服务平台，包括订货平台、运输平台、仓储平台、分拨中心平台、报关平台甚至网点等共享平台，可以自建,也可以连接外部的平台。而对于物流场景较为复杂的物流产品和业务来说,如果协同各类节点的成本过高,企业可能会选择部分自建、部分外包的方式。例如,对于干线运输环节,一些商家或合同物流企业都拥有自己的运力池,包括自有车、挂靠车以及长期合作的运力供应商等。但是,这种方式的缺点是规模有限,各类运力资源良莠不齐,难以满足企业各种运力需求。所以,在运力质量需求和成本压力之下,这些掌握着物流订单分配权的货主就有动力去扩充运力池的边界,寻求更优质、便宜的公共运力池作为补充。例如,中外运、安得、大田等合同物流企业均在打造货运平台连接第三方卡车,作为自身运力的补充。

同样,京东物流作为电商物流代表企业,其旗下的网络货运平台——京驿网络货运平台(简称"京驿货车")也已正式亮相。京驿货车致力于通过平台化手段,整合现有优质运力供应商及其他优质社会零散运力资源,充分发挥平台优势,实现精准运输供需匹配,平台上的运力供应商享受京东物流一手货源招采、配载、发运等权益。可以发现,当一个企业的物流运营具有较复杂和多元的场景时,例如对于从厂家仓、经销商仓、电商仓、中心仓、前置仓、门店等多节点干支线的多元化物流场景,企业的运力资源不足或基于其他考虑,有可能会将某一个物流节点从物流链中独立出来,对外开放并形成一个开放式的平台。这个平台可以为自身的物流业务服务,待时机成熟也可以转型为社会公共运力服务平台。

以上是从运力单一价值链环节的视角来看的。实际上，物流的协同效应来自物流各个价值链环节的协同。协同的主体一般是"体"的角色，至少是一个"面"的角色。协同的角色包括各类型的"点""线""面"，协同的功能包括订单、运、仓、配。物流产业共同体需要多个"面"的跨界协同，更有广度地协同"点""线"的要素与资源，撬动产业链中的每一个价值环节，促使物流产业链条的高效运转。物流的"面"，包括物流每一个价值环节的垂直服务平台、仓、运、配等全价值链环节打通后，提供货运管理和调度的横向水平服务平台。当然，物流价值链各环节要通过数字化重构成为互联互通的物流价值网，仅靠物流企业/平台的努力是不够的，这需要具有强大商流和物流的混合基因。在这一点上，数智商业巨头们有更多的操刀机会。

物流商业模式升维

物流商业模式升维，本质是什么？

我们认为，物流商业模式升维的本质是协同不同物流角色进行价值共创，通过帮助他人升级（赋能他人创造更大价值）带来自己的升维（获取生态圈中更高的角色地位）。例如，菜鸟协同了快递公司、落地配、干线、仓配服务商等角色，共创物流价值，在此过程中，不同的物流角色都得到了升级。在与菜鸟的合作中，中通、申通等快递公司得到了菜鸟的数智化赋能，分拨中心的智能化运作水平、快递员的递送效率、运输资源的配置效率都得到了明显的提升。

可以预见的是，为完成一个共同任务，不同角色之间通过协同共创价值，是物流主导方引领各方进行数字化战略转型的目标。无论是横向多元化发展、提供综合性物流服务，还是纵向深耕供应链，单打独斗已经成为过去式，深度协作是现在和未来。既然是协作，就需要新的角色来统领不同角色之间的分工和共享物流要素的配置方式。所以，物流商业模式创新中，需要有更高级的角色来带领大家一起升级。这主要缘于商业对物流提出了越来越高的要求，提供单一物流功能节点和线路服务的角色越来越难独立生存。绝大多数的物流角色，未来将依赖少数的物流平台/生态型角色生存。物流角色中，"面"和"体"的平台型、生态型角色，需要承担起物流业互联互通、优化资源配置、重构物流价值链的重任。

物流商业模式与管理的创新

创新物流商业模式

统领物流商业模式升级的一方，未来一定会通过数智化的方式协同不同的物流角色，形成集成化、平台化与网络化的物流服务模式创新。通过数字化战略、组织、技术的综合应用,创新商业模式的组织要素,包括价值主张创新、价值创造创新、价值传递创新和价值获取创新。

价值主张创新,包括为托运方与客户提供实时、透明、标准化的物流流程与智能化定价,降低交易与搜寻成本,并为客户提供无缝、集成和统一界面的服务。例如,通过一个平台或 App 界面就可以让客户清晰地知道货物流动的全过程,通过一个界面就能完成车货匹配以及多式联运安排等。

价值创造创新,包括通过关键活动(如运输安排、车队管理、货物仓储与库存管理、物流任务分配)、资源(如大数据、人工智能以及能数字化连接的物流基础设施和不同的物流服务商)与流程(订单接收与管理的数字化、无纸化、无缝化)提升整个供应链物流运营中物流要素的配置以及仓、干、运、配、端的无缝衔接与匹配。

价值传递创新,包括为托运方、物流合作伙伴、公司内部的部门、客户提供在线化沟通、信息与数据共享、物流要素的智能化调度等。

价值获取创新,包括为托运方提供基于智能的实时价格行情和最好的定价,以及基于数据智能的物流要素合理配置所带来的运营成本的降低。降低托运方支付成本(平台降低定价)以及公司或平台履约成本,这种价值获取创新不是通过压榨托运方和与托运方博弈得来的，而是通过对托运流程的解构与重构优化物流全链路而产生的。

物流商业模式创新的特征：集成化、平台化、网络化

物流商业模式创新具备何种特征？

集成化

"集成化"是一体化或整合的概念，是指通过一定的制度安排，对物流的功能、资源、信息等进行统一规划，发挥物流要素的协同效应，使得所有要素以一个整体来运作，从而达到供应链物流系统整体优化的目的。

站在不同的视角，对"整体"的理解截然不同。

20世纪90年代，一些企业认识到物流的运营需要打破部分之间的界限，将企业各个事业部、各个部门的物流剥离出来统一运营。例如，海尔在90年代就认识到这一点，将物流推进总部，由企业的副总来管理集团各事业部的物流。21世纪初，企业认识到物流的运营要站在供应链的视角，将供应链上下游作为一个整体来进行物流优化。受制于信息技术的发展以及商业信任问题，供应链物流一体化运营的经典案例偏少。随着数字技术在商业中的逐步渗透，供应链可以实现在要素与资源、业务、流程上的全面打通。平台经济下，传统的供应链结构逐步演化成更具开放性的数智供应网络。站在平台主的视角让物流在一个商业网络内进行优化，是物流的未来空间与想象。随着数字技术的渗透和平台经济的纵深发展，"整体"的边界是在逐步向外延伸的，从部门、企业、供应链、产业链到一个国家、地区，甚至全球。菜鸟、京东、顺丰都在拓展对"整体"或"一体化"的认知边界，延伸其业务与服务范围。

网络化

"网络化"是物流的基本特征，网络代表着节点与连接的灵活延伸，完善的物流网络是物流实现端到端、一体化运营的前提。例如，对于快递、快运来说，如果没有分拨中心、网点和最后一公里配送的健全网络，是无法提供端到端的一体化递送服务的。当下，物流的网络化包括数字网络化和实体物流基础设施的网络化。实体物流基础设施的网络化，包括运、仓、配、端的网络化。物流需要形成网络才能发挥作用，而网络的形成需要充分的数字化连接，将组织内部的物流要素与外部的物流要素进行充分连接与协作，开展网络化物流经营与服务。

物流网络化经营与服务本质上要创造规模经济、范围经济和网络经济效应，其产生的价值是非线性增长的。

平台化

要实现集成化、网络化的物流经营服务，平台化必不可少。平台化是一种开放、赋能、共赢的商业模式，也是一种管理模式的创新，即平台化协同化管理方式。

"平台化"作为一种商业模式创新，可以将物流要素进行在线集聚和供需匹配，对物流价值的革新更多体现在交互层面。物流的交互价值，主要体现为对资源的再配给和社会化共享的资源优化驱动。而物流要素与资源的共享，是物流实现网络化、集成化经营的前提。

目前，一些物流细分领域呈现出了平台化、集成化和网络化运营的特征。例如，运力平台为商家和运力方提供车货匹配服务，供应链解决方案服务商以合同的方式为供应链企业提供区域化、集成化的物流服务，快递、快运企业通过干线、分拨和网点的自营或加盟方式构建全国性的物流网络。但是，鲜有集平台化、网络化和集成化等于一身的物流业态的出现。

可以预见的是，在数字化技术、算法的作用下，物流将会通过平台化的方式实现网络化和集成化的运营；通过算法契约等方式维护平台及生态体系中各角色之间的关系，确保物流资源以开放的方式被合理调用和统一管理。物流要发挥出协同效应，离不开管理方式的创新。例如通过平台化管理方式，帮助管理不同的物流角色，以完成物流的集成化运营与统一交付。物流服务集成和平台化协同（logistics service integration and platform collaboration，LSIPC），提供了一种协同式管理方法。LSIPC 用于管理、集成和协调多个物流服务提供者或者多种不同的物流要素，使之按照一定的方式进行构造和整合，形成端到端的一体化物流交付方式的创新。LSIPC 的表达方式借鉴了 SIAM（服务集成和管理）的表达方式。① LSIPC 引入了物流服务集成商的概念，相当于一个"服务中介"，提供一个单一、公正的联系点，来管理物流服务的使用、交付和绩效。

LSIPC 生态系统分为三层，如图 5-3 所示：客户组织（商家或个人）（customer）；平台物流服务集成商（platform logistics service integrator，PLSI）；物流服务提供者（logistics service provider，LSP）。

业务单元	服务客户1	服务客户2	……	服务客户m
被服务者	客户组织（C）			
中介者/协同者	平台物流服务集成商（PLSI）			
参与者	物流服务提供者1	物流服务提供者2	……	物流服务提供者n

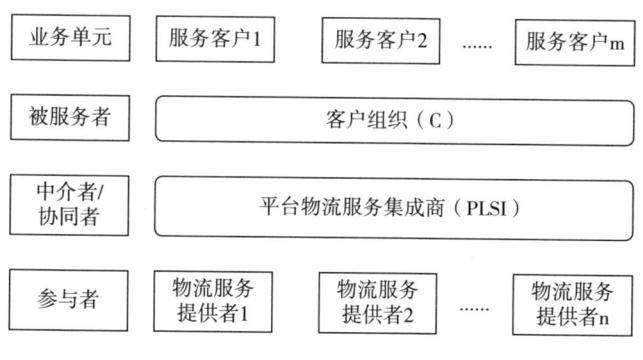

图 5-3　LSIPC 生态系统

其中，平台物流服务集成商的定位是物流服务的中介者及协同者，负责对接客户和物流服务提供者，并提供基于数字技术集成的物流协同服务。平台物流服务集成商是通过整合外部物流服

---

① 克莱尔·阿格特、苏珊娜·D. 范霍夫、罗布·英格兰、兰迪·斯坦伯格，《VeriSM 数字化时代的服务管理》，清华大学出版社，2019 年。

务提供者和隶属于内部的物流功能与要素，如仓、运、配、端、柜等，形成不同的业务单元，从而为客户提供个性化物流解决方案的新型物流组织。过去，由于技术与机制的原因，物流要素还没法做到突破组织边界，实现大范围的共享与集成，这也是时代使然。物流服务集成商、物流服务提供者（包括运力提供者和物流基础设施提供商）相互之间形成一个物流协作网络，并与市场/客户网络共同形成了一个物流服务供应链网络。数智时代，不同的物流主体之间在系统、信息、物流要素与资源上有望实现数字化连接，形成一种新型的物流组织方式。这种新型物流组织的牵头方，我们暂且称为平台网络物流服务集成商（platform network logistics service integrator，PNLSI）。

PNLSI 在整个物流生态中扮演的是"面"甚至"体"的角色，负责将"点"和"线"的物流角色进行整合。PNLSI 可以由一个或多个组织组成（一个集成化物流服务商，或者多个集成化物流服务商的嵌套）。如果物流服务集成商由多个组织组成，它仍然是一个单一逻辑物流服务集成商。随着数字技术渠道商的深度渗透，品牌商对终端市场的介入不断加深，基本上可以越过中间代理层甚至能够直接触达消费者。当下，品牌商更多通过自身来掌控终端，原先的代理商、分销商完成的仓储物流功能在逐步弱化，物流功能将逐渐回归到品牌商。所以，当消费价值链从渠道商走向品牌商，品牌商将有机会对整个供应链物流体系进行数智集成运营与管理，这也增加市场对数智物流集成服务的需求。所以，跟随商业一起升级是平台型、网络型物流企业的不二选择。例如，顺丰快递就看到了品牌商对统领物流的新需求，在往综合物流服务商和供应链综合服务商的方向转型，如收购 DHL 亚洲供应链业务；京东物流看到了产业链一体化运营的机会，已经不再满足于物流服务本身，而是站在产业链的视角做好上下游企业的一体化运营服务。

平台化管理帮助实现资源更大范围的配置

协同运营与平台化管理的目标，往往是实现物流部门、物流企业的全局利益最大化，甚至是供应链、产业链层次上的全局利益。物流效率的提升，将从"点""线"向"面"和"体"层面转变。未来，各大快递、快运企业内部或联盟内部的网点、运力、快递员、线路等物流要素都可以被打散，然后进行重新配置。

忻榕、陈威如、侯正宇认为：平台化管理的核心在于升维与微粒化。升维，指的是认知、格局、思维与战略眼光的提升。例如，在互联网的商业世界里，流量、免费、价值、利他、赋能、融合、协同等高频词汇，代表的就是格局与认知的升级。近年来，"新零售""人、货、场重构"等概念比较火热，实际上是管理者看到了未来的商业业态不是"你死我活"，而是"你中有我，我中有你"的深度融合，合作取代竞争，共享、共赢、共创成为数智商业的底层逻辑。微粒化,是用数字化技术实现关键成功因素的深度分解并进行精细化管理,即从管理的可视化到管理的可量化和可优化。能够通过数智技术微粒化管理好一家企业,就有机会赋能上下游,管理好整个产业或生态圈。

在物流新业态中,我们看到了平台化的商业模式创新,如车货匹配平台、物流共享平台、物流统仓共配、物流众包、AIoT(人工智能物联网)物流平台、供应链协同平台等,也看到了传统的通过自建、加盟方式构建物流网络的身影,如快递快运业。以上商业模式的创新离不开数字技术的赋能让物流各参与方实现高效的协作。在数字技术赋能下,货、运力、物流设施与设备、货的流向与流量等物流要素都可以被微粒化识别和算法化调度,物流的核心环节如仓、干、配、网点等可以通过数智管理方式集成在一个平台网络中,从而实现车货匹配、仓储共享、快递、快运、仓配一体化、供应链整体解决方案等不同的物流场景服务。那如何才能管理好百万级的物流参与者、百万级的仓库、千万级的司机和快递小哥,合理进行调度并保证他们的利益?数智时代,平台化的商业模式创新既要求管理者具有升维的能力,站得高、看得远,又要求管理者能够借助数字化管理与决策工具,将人、组织、流程、物流要素的协同价值充分发挥。

平台化管理下,物流的决策与管理方式都发生了变化。物流决策,从基于经验、局部数据到基于全网数据。物流管理,从企业内部管理、线性供应链物流管理，到外部协同、相互赋能和精细化管理。制度安排上，分权取代集权，任务取代职能，资源/算法取代命令。在物流价值产生上，通过精细化分工与协同共创全局价值。

平台化管理的前提，是把自身变成一个平台化组织

商业决定做什么，管理决定如何做，一切管理方式都是在特定的商业环境和组织形态下展开的。商业的变革带来了管理方式的变化。打开组织边界让商业进行连接，这是商业的行为。组织边界打开后，会带来管理的无边界化延伸。在数字技术的发展和组织变革的推进下，更多的组织、物流要素被数字化连接，组织之间、要素之间、业务之间的关系变得复杂，而这种复杂性已经超出了传统组织模式可以管理的范畴。经营方式的变化，不可避免地对组织架构提出了新的变革要求。我们看到，拥有低成本试错、敏捷应对市场等特征的平台化组织正在历史性地崛起。例如，全球市值排名靠前的科技公司，如苹果、亚马逊、微软、谷歌、脸书、阿里巴巴、腾讯，无一例外都是平台型组织。传统企业在这一轮组织变革中也不甘落后，打破原有的封闭式结构以应对不断变化的市场。例如，韩都衣舍由传统组织架构转型为"大平台、小前端"（以产品小组为"小前端"对接其他支撑部门），从而能以低成本快速试错，实现年上新品超过3万款。

2016年，波士顿咨询公司（BCG）对100多家欧美上市公司进行调查研究后发现：过去的15年间，企业的管理流程在无形中持续增加，其工作程序、垂直层级、协调机构和审批步骤增加了50%~350%，以应对日益复杂的市场环境与用户需求。[1] 但随着管理复杂性的增加，企业需要探索新的组织模式。平台化组织是顺应数字化时代商业互联互通的组织管理尝试，通过数字工具可以实现分布式赋能与激活，因而能够管理更大的边界。例如，一个能统领大量外部物流要素的新角色——物流平台集成服务商，通过组织的平台化，不仅可以管理好自身，还能够管好整个物流网络及生态圈甚至经济体。

迈向物流"点、线、面、体"生态协同的新未来

组织协同：重构关系与连接

运营协同的前提是组织协同，本质上是重构组织内部、组织之间的关系与连接的问题。"关系"体现的是"愿不愿"的问题，

---

[1] BCG咨询、阿里研究院，《未来平台化组织研究报告——平台化组织：组织变革前沿的"前言"》，2016年9月。

即物流组织之间是否有意愿改变目前的墙内组织架构、是否有意愿去连接外部的物流资源和要素或接受连接，这与管理者的认知水平是有关系的。对于管理者来说，打造全新的物流组织或进行物流组织的转型，是想做一个颠覆者还是一个重构者？是想通过封闭组织的重资产方式，还是以开放组织去连接和改造现有的物流要素？封闭的组织构面下，体现的是传统的"拥有"思维；而开放的组织构面下，体现的是"连接"比"拥有"更重要的商业认知。

"连接"体现的是"能不能"的问题，即打破现有的科层式物流组织，拓宽组织边界，让不同物流要素能够以数字化方式被共享、实时调用，通过组织机制、技术层面上的整改放大"点"和"线"甚至"面"的物流流程服务能力。如果要参与社会物流的协同，就需要打造一个数智组织将人、财、事、物流要素、客户、流程全面数字化。从外部来看，企业可选择将车、仓、司机等"点"层面的要素开放或部分开放以接受外部连接，形成社会化的物流能力供给池。

同样，对于制造企业或品牌企业来说，要获得全链条的物流效率提升，开放组织几乎是一个必选项。目前，包括品牌商在内的客户，一般通过设置物流职能部门以科层制的架构来规划企业各业务线的物流运作，并对物流承运商进行管理。物流承运商规模不大，一般以中介的形式存在，拿到订单后一般会转包出去，整个物流链条是以层层分包的形式在运作,物流信息不透明、信息断链、物流难以达到全局优化是常态。受限于数字技术以及企业的墙内组织结构,自建或拥有部分物流资源成为企业物流的必选项。即使连接了外部资源,效率也不高,因为外部的物流资源也是以分散的方式存在。

同样在过去,企业之间能够突破组织边界实现物流流程一体化的并不多见。企业通过 TMS、WMS、ERP 等软件实现内部物流的信息化,但这仅是流程上的数字化且没有突破组织的边界。20世纪 80 年代,宝洁和沃尔玛将信息系统打通,宝洁可以利用电脑监控其产品在沃尔玛各个门店的销售与库存情况,并以此来制订销售和生产计划。在宝洁与沃尔玛的合作中,双方突破组织边界建立了一个新的零供关系,才有后来教科书般的商业合作经典。随着商业组织边界的打开,供应链上的物流要素也突破组织的边界被重新连接、共享与调用。

任务协同:要素重构

组织协同的目标,就是基于一个订单或工作流,在信息实时触达各方的前提下,重新进行分工与协作;或者基于算法机制直接调用各方的物流要素,组织只需要执行口令、完成每一步动作即可。一个完整的任务协同,包括任务、任务分配主体和任务执行主体。其中,任务是协同控制的对象,网络节点是任务的执行主体，而平台与生态方是分配主体。数据赋能下，通过对任务进行分解，将节点、信息、资源联系起来，重构业务流程。市场需求转化为物流任务，"面"和"体"等平台型组织基于算法、合约将物流任务逐层分解与细化，转化为子任务与资源分配，并与合适的"点"与"线"进行匹配，这个过程是任务分解与执行的过程。整个任务从订单需求、任务分配、子任务分解到资源的匹配，核心是需要一个任务系统模型。任务系统模型，包括目标（综合考量子任务的时间和成本）、约束性条件（如给定要素与资源的状态信息，包括车辆、司机、仓等要素的数量、地理坐标，节点之间的距离，以及仓所能处理的货运量等）、决策变量（如调用哪些车辆、哪个物流中心、哪个仓库，货如何组合等）、算法（如边缘计算等）。

信任协同：智能合约与协同机制

利用技术帮助建立起新的信任连接

信任，是商业连接的必要条件，也是商业协同的关键变量。

信任，一般来自关系，如地缘信任、亲缘信任。例如，中国民营快递之乡桐庐就是基于地缘、亲缘所组成的信任网络，随着"加盟制"的模式创新（让家族成员负责网点运营），迅速将快递网络从江浙沪扩散到全国。国家物流工程实验室主任相峰认为，通达系赋予加盟商区域特许经营权，由于老乡这一层关系，可放心将"信任"交出，实现全物流要素自建模式下（心有余而力不足）难以实现的快速扩张，在短期内迅速扩大了企业边界。[①] 加盟制物流组织模式虽然降低了服务的一致性，但提高了产能弹性、本地化适应和考核管控的程度。然而，基于亲缘和地缘信任的"社区信任"在遇到大范围的社会化协同时，无法做到"制度用人""制度管人"。也就是说，加盟模式在扩张的过程中，维护网络信任并进一步扩大信任的范围，是传统物流网络向开放、协同化网络演变的关键。

大范围的社会化协同，需要改变"信任关系"的连接方式，从亲缘、地缘信任转向"数智化信任"。数智化信任，其前提是平台、参与方、员工等不同角色彼此之间的贡献和价值创造要实现可量化和可优化。可量化决定了谁应该分得多少利益。可优化决定了是否能将蛋糕做大。当下，"股权"是组织构建信任关系较常采用的方式。例如，中通在上市前实施了股份制改革，通过股权构建平台与加盟商之间新的信任关系。股权是建立信任较好的方式，可以激发"点"的积极性。

那在数智化时代，有没有比股权更好的建立信任的方式？股

[①] 相峰，《从社区信任到算法信任，区块链引领物流业信用革命》，《快递》，2020年第1期。

权信任有两个缺陷。一是股权的本质在于内部分配和共享利益，很难拓展到更多的外部角色。未来，协同商业可能没有内部或者外部的概念，大家是平台和生态的一部分。二是股权并没有从根本上改变既得利益者的机会主义行为。机会主义行为的背后是各方的价值创造没有得到更好的量化。所以，在数智时代，信任关系的连接方式会走向"智能合约"，让点点滴滴的贡献可视化、可量化，从而帮助组织建立起更广泛的社会化协同。

信任的本质：界定"权、责、利"关系

让"点、线、面、体"各司其职，本质上是一种权、责、利关系的协调。通过平台运行规则、激励机制的契约设计建立信任关系至关重要。规则、契约的制定主体是"面"和"体"，其职责在于：协同和有序（管理者的格局：从科层制的物流运营、资源社会化后的无序竞争到集市场与科层特征的物流协同）、协同管理（平台化协同管理思维：分权取代集权、任务取代职能、算法取代命令等）、多边激励机制的设计与协调（利他思维：激发"点""线"的活力，让"点""线"先成功，平台赚最后一桶金）。

合约机制升维：以运力整合为例

运力的大范围整合与调度过程，会涉及托运人（货主或物流公司）与承运人、不同运力方之间的跨组织协同问题，包括运营模式、管理方式、利益分配问题、信息安全问题等。现在社会上有很多垂直化的运力组织方（如车队、企业运力）、联盟化的运力组织方（包括快递、快运、多式联运等）、网络货运平台，甚至卡车制造商，其运力属于私有资源，要想变成共享化的公有资源，离不开智能的合约机制。未来，基于区块链技术的运力交易、履约服务和增值服务平台，是运力平台去中心化组织与数智化运营的可能方向。

2020年2月，蚂蚁金服上线了一款"区块链+物流+金融+监管"式数字物流产品，其目的是提供数字安全监管和物流金融服务。蚂蚁区块链数字物流平台面向网络货运平台，利用区块链记录运输过程中的身份信息、货源信息、运单信息、支付订单信息、轨迹信息、发票信息等全周期数据，通过交叉核验方式确保运输过程的真实性和资金发生的真实性，解决网络货运信息不实或造假等信任问题。平台集成了链下数据服务能力和可信数据源，可快速实现链上数据可信核验，保证数据在上链前以及链上流转过程中可信。同时，数字物流平台对接银行等金融机构，通过数据增信方式为物流公司、网络货运平台提供授信服务，解决中小企业融资难问题。目前，蚂蚁金服数字化物流平台解决的是货的流动中的信任问题以及物流金融问题，虽未涉及将不同的运力进行跨组织和跨平台协同，但这将会是一个全新的未来。

信息共享机制升维：以分布式仓配网络为例

在第四章，我们讨论了在商业的更迭下，产生了不同类型的增量"仓"。例如，离消费者最近的"前置仓"、门店是全渠道商业中增量仓的主要来源。这些前置仓，通过技术手段可与区域仓、中心仓、产地仓进行横向和纵向的连通，形成一个数字化的分布式仓储网络。分布式仓储网络本身就包含物流的供需关系，既存在于上下游仓库之间，也存在于平级仓库之间。当有更多仓库被连接进来，就可以最大程度地将货布局到消费者身边，是商家全渠道、全场景交易覆盖的重要保障。在中心仓与分布式仓库之间，信息成为后端库存（指的是靠近产业端的库存）与前端库存（指的是靠近消费端的库存）供需关系的一个调节变量。数据和算法可以自动调优库存在不同仓库之间的分配结构，既确保了需求的满足，也保持了合理的库存结构。

数据和算法不仅是一种新物流要素，更重要的是能够帮助商业建立新生产关系（商业关系）。例如，智能合约机制（如智能化的信息分享机制、利益分配机制）可平衡各方的利益关系，看哪些信息需要共享、哪些信息根本没必要共享，以确保平台与货主、仓储运营商、仓储设备提供商、信息化服务商能够在无所顾忌的情况下实现协同化、无缝化运营。区块链是一种支持构建新商业关系的技术，可确保信息的私密性和安全性。对单个组织而言，在资金充裕的情况下打造一个中心化的、信息完全自由连通的仓储网络无可厚非。但是，如果要让不同组织在信息完全自由连通的网络上相互衔接与合作，大家是有所顾忌的，2017年菜鸟与顺丰相互关闭数据接口就是一个典型的例子。数据，对自身来说，是潜在财富；分享出去了，就是潜在风险。所以，考虑到利益、信息安全问题，物在仓库之间、仓库与消费者之间流动，需要确保一部分信息的私密性。这类似于企业的ERP系统中有很多模块，部门负责人的权限也是有限的，一般仅能看到跟本部门相关的信息。

私密性和安全性固然重要，但是走到极端也不利于发挥数智化更大的社会协同价值。基于这点，区块链技术除了要保证私密和安全，也需要最大化地发挥数字化、智能化的价值，把不同角色在任务协同中的价值贡献解构出来。在实现物流网络可扩展、运营可优化的基础上，实现价值创造可量化。以上是我们对未来物流世界建立起新的信任体系的想象。

结　语

未来已来。

消费者行使商业主权的时代，已扑面而来；

商业需要时刻做好与消费者连接的准备；

一招鲜，吃遍天，已经是过去式。

连接，没有固定的招式。

未来，想要持续获得市场的青睐，需要创造新的与消费者连接的方式。

这是一个全新的商业年代。

商业与消费者连接的方式，已经不再是过去的"人连接货"，而是"货主动连接人"。

要时刻做好主动与消费者连接。

但，仅靠单个组织的努力是难以办到的；

商业的通力协作是上上策。

为此，管理者需要升维经营哲学、价值观。

以共赢取代博弈；

以开放取代封闭；

以协同取代单打；

以全局观取代局部观。

分工铸就了工业化时代的辉煌；

但那是过去的阶段性发展历程。

产业内部简单的分而不合，不利于商业价值的再创造。

协作是数智时代的商业内涵；

不同商业角色围绕一个目标、任务进行协作，从消费者洞察开始，向上延伸到产品开发、生产、营销、渠道、物流的商业全链路、全渠道。

什么是全渠道？就是消费者在哪里，我就在哪里。

什么是全链路？就是我不是一个人在战斗，我们不只在单点奋斗。

我们不禁要问，物在商业全链路中的流转是各自分工还是要协作？

要把货布局到消费者能看见的地方，实现"所见即所得"，需要商业改变过去的简单分工方式。例如，品牌商负责品牌、研发与生产制造、产业端的供应物流，渠道商负责渠道的经营与拓展、消费终端的销售物流。

看到了吗？

在很长的一段时间，上下游企业都扮演了"物流"的角色，相同角色却各玩各的。

他们都口口声声说，我们的物流是先进的。

从各自具备的能力看，是先进的；但从整体看，又是落后的。

怎么就落后了呢？"物"的流转信息不通畅，给市场补货的时候哪个仓库有多少货不清晰，物的流动较为随意，凭感觉、凭经验。

为什么？只有局部优化，没有全局优化。

商业中的这种现象怎么称呼呢？这叫"物流跟着货权走"。

什么意思？就是经销商把钱给到品牌商，物的所有权就归属经销商了，品牌商只负责从大仓给经销商发货，后面的流程就不管了，也管不了了。

要改变以往"物流跟着货权走"的现象,重构货权规则是核心,只有改变了货物的归属权,才能避免货物的无效移动。

问题背后的逻辑是什么?

答案是,简单的分工制约了物流要素的生产率。

要解决这个问题,核心在于把过去物流上的随性分工变成整体协同,一切都是以消费者为中心。

为此,经营主体需要重新确定自身在商业生态圈中的位置。

过去,渠道商经营商铺、拉客户,还需要有自己的仓库和车队;

以后,经销商将会回归到渠道经营的角色,物流角色可能就因变革而消失了。

门店,也不再是单一的售卖场所,而是人、货、场三要素重构的数字化空间与场所。

重新解构价值链环节,通过增、减、除、创,重新构建新的分工体系。

不同角色重新定位,是为了更好地通力协作。

而数智化可以可视化、可量化、可优化,帮助生态圈实现更好、更高效的协作。

物流准备好了吗?

未来，商业与物流，不再是简单的交易和合作伙伴关系，而是相互渗透到对方的血液里，水乳交融。

在技术与商业迭代升级的大趋势下，物流业遇到了最大的挑战；

挑战即机遇。

对于物流从业者来说，冬天来了，春天还会远吗？

要在阳光灿烂的日子修屋顶；

不要等到窘迫的时候再去转变，那时已经来不及了。

转变，需要从现在开始。

物流新基建怎么打造？

跟商业一样，从传统物流向新物流的转变，不是一家企业可以办到的，需要产业层面的协作。

物流的转型升级，不仅是物流业自身的重构与升级，更要把自身置于商业中。

看清楚商业朝着哪个方向走，走这条路就对了。

融入商业中，把自身的物流活动嵌入商业的采购、生产制造、流通各环节，重构商业全链路物流，解决端到端的"物"的流转效率问题。

同时，打铁也要自身硬。

一方面，物流需要自我变革引领商流；

另一方面，物流要担当起保障民生的重要责任。

物流的担当，仅靠单个物流组织的能力和勇气是有限的；

物流的各价值链环节需要有机重构，物流的运、仓、配需要不同的角色进行协作，需要多方参与。

协作，并非简单的搭积木式的组合，而是打碎了重新泥塑在一起。

协作的核心是，能力互补，携手共创，共同升维。

点、线、面、体，就是能力互补又可以进行数字化、智能化协同的不同物流角色。

"面"和"体"，是纵观全局、智理万物的物流组织形态。

要想成为"面"和"体"，就需要有协同"点"和"线"的能力。

能力，不是指有多少钱、多少重资产；

能力，是智能的，是普度众生的。

企业家的格局与胸怀很重要；

这需要愿景与价值观。

机制创新很重要。

以去中心化协同取代中心化管控；

以赋能取代管理；

让别人先赚钱；

"权、责、利"的关系要搞清楚；

这关系到别人"愿不愿"跟你协作。

接下来，是"能不能"的问题。

组织需要变革。

是内部组织的调整与变革；

更是组织之间的连接和协同关系变革。

这关系到管理方式的改变，协同后，需要借助数智化对产业进行管理；

也关系到新战略的真正落地。

战略需要调整。

原来是一个人在战斗，现在是协同战斗；

所以，战略与打法是不同的。

例如，如何通过数字化协同各方？

如何通过数字化升级各个物流要素？

物流要素如何实时调用?

等等。

技术需要迭代。

如何精准找到技术发展路线,投入资源进行研发?

赋能产业升级的数智化基座及众多场景的解决方案如何分工开发?

更关键的是,技术如何同愿景、价值观、组织、战略、业务进行协同,从而创造智慧清明的共生共赢生态体?

参考文献

［1］曾鸣. 智能商业［M］. 北京：中信出版社，2018.

［2］克里斯多夫·库克里克. 微粒社会——数字化时代的社会模式［M］. 黄昆，夏柯，译. 北京：中信出版社，2017.

［3］忻榕，陈威如，侯正宇. 平台化管理［M］. 北京：机械工业出版社，2019.

［4］朱传波，陈威如. 宋小菜——以数字化供应链破局生鲜［J］. 清华管理评论，2020（4）：102－110.

［5］陈威如，王节祥. 依附式升级：平台生态系统中参与者的数字化转型战略［J］. 管理世界，2021（10）：195－213.

［6］德内拉·梅多斯. 系统之美——决策者的系统思考［M］. 邱昭良，译. 杭州：浙江人民出版社，2012.

［7］马克·莱文森. 集装箱改变世界［M］. 姜文波，等译. 北京：

机械工业出版社，2008.

[8] 唐·泰普斯科特，安东尼·D. 威廉姆斯. 维基经济学［M］. 何帆，林季红，译. 北京：中国青年出版社，2007.

[9] 陈春花，朱丽. 协同：数字化时代组织效率的本质［M］. 北京：机械工业出版社，2020.

[10] 罗兰贝格. 新零售下中国物流企业的应对之道［R/OL］.（2018-07）［2022-06-01］. https：//www.docin.com/p-2119802510.html.

[11] 张磊. 价值［M］. 杭州：浙江教育出版社，2020.

[12] 绪方知行，田口香世. 零售的本质［M］. 陆青，译. 北京：机械工业出版社，2019.

[13] 麦肯锡全球研究院. 全球价值链的风险、韧性和再平衡［R/OL］.（2020-09）［2022-06-01］. https：//www.mckinsey.com.cn/wp-content/uploads/2020/10/Risk-resilience-and-rebalancing-in-global-value-chains-executive-summary-CN-V1014.pdf.

[14] 克莱尔·阿格特，苏珊娜·D. 范霍夫，罗布·英格兰，等. VeriSM 数字化时代的服务管理［M］. CIO 创享，译. 北京：清华大学出版社，2019.

[15] Amit Sinha, Ednilson Bernardes, Rafael Calderon, and Thorsten Wuest, *Digital Supply Networks*, McGraw Hill, 2020.